STARK

KOMPAKT-WISSEN
SPANISCH

Juliane Voss

Grundwortschatz

Die wichtigsten 1500 Wörter

STARK

ISBN 978-3-86668-500-0

Inhalt

Autorin: Juliane Voss

Vorwort

Liebe Schülerin, lieber Schüler,

dieser Band enthält die etwa 1 500 wichtigsten spanischen Wörter.

- Die Vokabeln sind nach Themen geordnet, die wiederum in einzelne, übersichtliche Wortfelder gegliedert sind. Diese Aufteilung bietet dir die Möglichkeit, genau die Themenbereiche zu lernen oder zu wiederholen, die dich interessieren oder die gerade im Unterricht behandelt werden.
- Zu allen spanischen Wörtern findest du die entsprechende deutsche Übersetzung sowie einen einprägsamen spanischen Beispielsatz, der dir eine mögliche Verwendung aufzeigt.
- In der alphabetischen Liste des kompletten Grundwortschatzes kannst du gezielt die Bedeutung einzelner Wörter nachsehen.
- Ganz am Ende des Buches steht schließlich eine Übersicht regelmäßiger und unregelmäßiger Verbformen. Im Vokabelteil wird in Form von Zahlen auf das jeweilige Konjugationsschema eines Verbes verwiesen, das du in der Übersicht nachschlagen kannst.

Dieses Buch eignet sich sowohl zum Wiederholen als auch zum Erlernen von Wörtern. Nimm dir am besten kleine Abschnitte oder Kapitel vor und gehe erst weiter, wenn du dir diese Wörter gut eingeprägt hast. Mit einem soliden Wortschatz schaffst du die Grundlage dafür, dich in einer Fremdsprache gut ausdrücken zu können.

Viel Spaß bei der Arbeit mit diesem Buch!

Juliane Voss

Abkürzungsverzeichnis

adj.	adjetivo
adv.	adverbio
col.	coloquial
cond.	condicional
f.	femenino
fut.	futuro
ger.	gerundio
imperf.	(pretérito) imperfecto
impers.	impersonal
indef.	(pretérito) indefinido
indicat.	indicativo
irr.	irregular
LAm.	Latinoamérica
m.	masculino
nos.	nosotros
part.	participio
pl.	plural
pres.	presente
pret.	pretérito
sing.	singular
subj.	subjuntivo
vos.	vosotros
dt.	deutsch
etw.	etwas
jdn.	jemanden
jdm.	jemandem
span.	spanisch
ugs.	umgangssprachlich

Hinweise zu den Verben

- Die Nummer hinter einem Verb verweist auf das jeweilige Konjugationsschema. Hinter *morir* z. B. steht die Nummer 11. Wenn du nun im Kapitel „Überblick: Verbformen" bei den unregelmäßigen Verbformen die Nummer 11 nachschlägst, findest du dort die Verbformen von *dormir*, das ebenso konjugiert wird wie *morir*.
- Auf Gruppenverben wird durch den Zusatz *o>ue*, *u>ue*, *e>i*, *e>ie*, *i>y* und *c>zc* hingewiesen.

El ser humano – *Der Mensch*

1 El hombre y la mujer – *Mann und Frau*

vocabulario	dt. Bedeutung	frase en español
el hombre	*Mann, Mensch*	En esta empresa trabajan más hombres que mujeres.
la mujer	*(Ehe-)Frau*	Mi mujer no es española, es de Italia.
adulto/-a	*erwachsen*	Mi hijo tiene 21 años, ya es adulto.
el niño/la niña	*Kind*	Por desgracia, mi hermana no puede tener niños.
el chico/la chica	*Junge/Mädchen*	He invitado a todas las chicas y a todos los chicos de mi clase.
el muchacho/ la muchacha	*Junge/Mädchen*	«Muchacho» es otra palabra para «chico».
el/la adolescente	*Jugendliche/-r*	A los adolescentes les encanta ir de marcha.
el/la joven	*Jugendliche/-r*	Los jóvenes discuten muchas veces con los adultos.
joven	*jung*	Tu abuelo parece muy joven para su edad.
viejo/-a	*alt*	José es un viejo amigo de mi padre.
la gente	*Leute*	La gente aquí es muy maja.
alguien	*jemand*	¿Alguien me ha llamado?
el nombre	*Name*	Mi nombre es Paco. Y tú, ¿cómo te llamas?
el apellido	*Nachname*	Los españoles y los latinoamericanos tienen dos apellidos.
la edad	*Alter*	¿Qué edad tiene tu hijo? –Tiene cinco años.
nacer[4] (c>zc)	*geboren werden*	¿Cuándo naciste? – Nací el 12 de diciembre de 1994.

vocabulario	dt. Bedeutung	frase en español
la fecha de nacimiento	*Geburtsdatum*	Tienes que poner aquí tu nombre y apellido y tu fecha de nacimiento.
el sexo	*Geschlecht, Sex*	En algunos países hay todavía discriminación por sexo.

2 El cuerpo y el aspecto físico – *Körper und Aussehen*

vocabulario	dt. Bedeutung	frase en español
el aspecto físico	*Aussehen*	Para mucha gente el aspecto físico es demasiado importante.
el cuerpo	*Körper*	No me gusta nada este culto al cuerpo.
la cabeza	*Kopf*	Me duele la cabeza.
la piel	*Haut*	Los bebés tienen la piel muy delicada.
el pelo	*Haar*	Juanita tiene el pelo largo, como su madre.
moreno/-a	*dunkelhäutig, dunkelhaarig*	La actriz mexicana Salma Hayek es morena.
rubio/-a	*blond*	También en España hay gente rubia.
pelirrojo/-a	*rothaarig*	Muchas personas pelirrojas tienen la piel muy clara.
la cara	*Gesicht*	¡No pongas esta cara!
el ojo	*Auge*	Marta tiene los ojos verdes.
la nariz	*Nase*	Pedro mete sus narices en todo.
la boca	*Mund*	Estuve muy sorprendida, me quedé con la boca abierta.
el diente	*Zahn*	Si te duele un diente, tienes que ir al dentista.
el corazón	*Herz*	Mi abuela está enferma del corazón.
el estómago	*Magen*	Tengo dolor de estómago.

vocabulario	dt. Bedeutung	frase en español
la barriga	*Bauch*	¿Me puedes enseñar algunos ejercicios para reducir la barriga?
la espalda	*Rücken*	El niño lleva una mochila en su espalda.
el brazo	*Arm*	La madre toma al bebé en sus brazos.
la mano	*Hand*	Una persona que escribe con la mano izquierda es zurda.
la pierna	*Bein*	Mi pierna izquierda es un poco más corta que mi pierna derecha.
el pie	*Fuß*	Quiero hacer una pausa, ya me duelen los pies de tanto caminar.
el hueso	*Knochen*	A mi abuelo le duelen los huesos.
la belleza	*Schönheit*	La belleza no es todo en la vida.
bello/-a	*schön*	Mira, ¡qué chica más bella!
guapo/-a	*hübsch*	Juan Carlos es un chico muy guapo.
lindo/-a (LAm.)	*hübsch*	Entró una mujer muy linda. Paco se enamoró enseguida de ella.
precioso/-a	*wunderschön*	Esta mujer es preciosa.
feo/-a	*hässlich*	Esther piensa que es fea, pero no es verdad.
alto/-a	*groß (Körpergröße), laut*	Ernesto es más alto que su hermano.
bajo/-a	*klein (Körpergröße), leise*	Chicos, hablad más bajo, por favor.
gordo/-a	*dick*	Hay cada vez más personas gordas.
delgado/-a	*dünn*	Carla es muy delgada.
pesar	*wiegen*	Yo peso 65 kilos y mido 1,78 m.
fuerte	*stark, laut*	Astérix y Obélix son muy fuertes.
parecido/-a	*ähnlich*	Enrique es muy parecido a su padre.

3 La ropa – *Kleidung*

vocabulario	dt. Bedeutung	frase en español
la ropa	*Wäsche, Kleidung*	Aún tienes que lavar la ropa.
la camisa	*Hemd*	Mira, ¿te gusta mi camisa nueva?
la camiseta	*T-Shirt*	Antonio lleva una camiseta azul.
el jersey	*Pullover*	Este jersey verde te queda muy bien.
la chaqueta	*Jacke*	Hace frío, ponte una chaqueta.
el abrigo	*Mantel*	Tengo que comprarme un abrigo nuevo.
la falda	*Rock*	Esta falda corta te queda muy bien.
los pantalones	*Hose*	María prefiere los pantalones a la falda.
los vaqueros	*Jeans*	Me gustan tus vaqueros. ¿Son nuevos?
el vestido	*Kleid*	Con este vestido estás preciosa.
los zapatos	*Schuhe*	Vanesa tiene al menos treinta pares de zapatos.
las botas	*Stiefel*	Este año, las botas están muy de moda.
las zapatillas de deporte	*Sportschuhe*	Necesito nuevas zapatillas de deporte.
ponerse[30] algo	*(sich) etwas anziehen*	No sé qué ponerme para la fiesta.
vestirse[26] (e>i)	*sich anziehen, sich kleiden*	Ana se viste elegantemente.
la moda	*Mode*	Penélope se interesa mucho por la moda.
el estilo	*Stil*	No me gusta su estilo de vestirse.

4 Los sentidos – *Sinne*

vocabulario	dt. Bedeutung	frase en español
el sentido	*Sinn*	El ser humano tiene cinco sentidos básicos.
ver[45]	*sehen*	¿Has visto a Puri? La busco desde hace media hora.
mirar	*(an-)sehen, (an-)schauen*	Antes de cruzar la calle mira a la derecha y a la izquierda.
escuchar	*(zu-)hören*	¿Me estás escuchando?
oír[24]	*hören*	Tengo miedo, he oído un ruido extraño.
tocar	*berühren, anfassen*	Mi gato no se deja tocar.
oler[25] (o>ue)	*riechen*	Aquí huele muy mal.
el gusto	*Geschmack*	El gusto es uno de los cinco sentidos.

5 El movimiento – *Bewegung*

vocabulario	dt. Bedeutung	frase en español
el movimiento	*Bewegung*	Repite el movimiento tres veces.
mover(se)[22] (o>ue)	*(sich) bewegen*	La mesa pesa demasiado, no puedo moverla.
ir (a)[18]	*gehen (zu, nach) fahren (zu, nach)*	La semana que viene vamos a Barcelona.
irse[18]	*(weg-)gehen*	¿Nos vamos? Ya es muy tarde.
venir[44] (e>ie)	*kommen*	Mañana van a venir los abuelos.
andar[2]	*(zu Fuß) gehen, laufen*	¿Tomamos el coche o vamos andando?
caminar	*(zu Fuß) gehen, wandern*	Me gusta mucho caminar en el campo.

vocabulario	dt. Bedeutung	frase en español
correr	*laufen, rennen*	¡No corras tanto!
recorrer	*zurücklegen, bereisen*	Hemos recorrido muchos kilómetros a pie.
acercarse (a)	*sich nähern*	Las vacaciones se acercan a su fin.
acompañar	*begleiten*	Espera, te acompaño a casa.
entrar	*betreten, hineingehen*	El profesor entra en la clase.
llegar	*(an-)kommen*	¿A qué hora vamos a llegar?
regresar	*zurückkehren*	Mi tía aún no ha regresado de su viaje.
volver[46] (o>ue)	*zurückkommen, zurückkehren*	¿A qué hora vas a volver? – A las once.
la vuelta	*Rückkehr*	Cómprate un billete de ida y vuelta, es más barato.
dar[8] la vuelta	*umkehren, umdrehen*	Este no es el camino correcto, tenemos que dar la vuelta.
dar[8] un paseo	*spazieren gehen*	¿Tienes ganas de dar un paseo por el Parque del Retiro?
pasar (por)	*vorbeikommen, vorbeifahren*	¿Por qué no pasas por mi casa?
seguir[38] (e>i)	*folgen*	Los turistas siguen al guía para ver los jardines de la Alhambra.
parar(se)	*anhalten, stehen bleiben, aufhören*	A la vuelta podemos parar en casa de los abuelos.
caer(se)[3]	*herunterfallen, hinfallen*	La taza se ha caído al suelo, pero no se ha roto.
levantarse	*aufstehen*	Nos levantamos a las siete menos cuarto.
sentarse[27] (e>ie)	*sich (hin-)setzen*	Cuando el profesor entró en la clase, los alumnos se sentaron.

vocabulario	dt. Bedeutung	frase en español
estar[15] sentado/-a	*sitzen*	Los niños están sentados en el suelo.
estar[15]	*sein, sich befinden*	Madrid está en el centro de España.
hay[17]	*es gibt*	En Madrid hay muchas atracciones turísticas, p. ej. la Puerta del Sol.
quedarse	*bleiben*	Hoy no tengo ganas de salir, me quedo en casa.
llevar	*(hin-)bringen, tragen, mitnehmen*	¿Te llevo? – No, gracias, voy en metro.
traer[42]	*(her-)bringen*	¿Vas al supermercado? ¿Me puedes traer un litro de leche, por favor?
poner[30]	*setzen, stellen, legen*	Puedes poner el libro en la mesa.
sacar	*herausnehmen, herausholen*	Sacad los deberes, por favor.
despacio	*langsam*	Habla más despacio, por favor.
rápido	*schnell*	No conduzco muy rápido.
aparecer[4] (c>zc)	*erscheinen, auftauchen*	Después de tres horas de viaje aparece por fin el pueblo.
desaparecer[4] (c>zc)	*verschwinden*	Durante la dictadura militar, en Argentina desapareció mucha gente.
convertirse[31] (en) (e>ie)	*werden (zu), sich umwandeln (in)*	El pueblo de Ronda (Andalucía) se ha convertido en un centro turístico.

6 La salud – *Gesundheit*

vocabulario	dt. Bedeutung	frase en español
doler[22] (o>ue)	*wehtun*	Me duele la garganta.
el dolor	*Schmerz*	Este tiempo me causa dolor de cabeza.
estar[15] enfermo/-a	*krank sein*	Elena no va al colegio, está enferma.
la salud	*Gesundheit*	Se dice que reír mejora la salud.
sano/-a	*gesund*	Mañana voy a empezar a vivir sano.
la gripe	*Grippe*	Esteban está en la cama, tiene la gripe.
el médico/ la médica	*Arzt/Ärztin*	Si te encuentras mal, tienes que ir al médico.
la medicina	*Medizin*	Esta medicina es buena para el dolor de estómago.
la farmacia	*Apotheke*	¿Hay una farmacia por aquí cerca?
el hospital	*Krankenhaus*	Ana visita a su madre en el hospital.
la herida	*Wunde, Verletzung*	Por suerte, la herida no es grave.
el descanso	*Pause, Erholung*	No puedo más, necesito un descanso.
discapacitado/-a	*behindert*	Tengo una hermana discapacitada.
vivir	*leben, erleben*	Como Noemí gana poco dinero, tiene que vivir en casa de sus padres.
la vida	*Leben*	Graciela lleva una vida muy dura y triste.
morir(se)[11] (o>ue)	*sterben*	Me muero de hambre. ¿Cuándo cenamos?
la muerte	*Tod*	La vida termina con la muerte.
ocurrir	*geschehen*	El accidente ha ocurrido a las siete.
cansado/-a	*müde*	Estoy cansada, me voy a la cama.

7 Las cualidades y los defectos – *Positive und negative Eigenschaften*

vocabulario	dt. Bedeutung	frase en español
el carácter	*Charakter, Merkmal*	Mi novio tiene un carácter difícil.
la cualidad	*(positive) Eigenschaft, Qualität*	Esta chica tiene muchas cualidades.
el defecto	*schlechte Eigenschaft, Fehler*	José tiene un defecto: no puede guardar secretos.
ser[39]	*sein*	El verbo «ser» se usa para características esenciales: «El Papa es católico.»
estar[15]	*sein*	El verbo «estar» se usa para características que pueden cambiar: «Juan está enfermo hoy.»
alegre	*fröhlich*	Laura es una niña muy alegre.
amable	*freundlich, liebenswürdig*	Nuestra vecina se ha mostrado muy amable con nosotros.
majo/-a	*nett*	Esta mañana he conocido a tu hermana, es muy maja.
simpático/-a	*sympathisch*	Dolores es más simpática que su hermano.
cordial	*herzlich*	Al final de una carta puedes escribir: «Con un cordial saludo».
divertido/-a	*lustig, witzig*	Te voy a contar una historia divertida.
alucinante	*toll, unglaublich*	Escucha la nueva canción de Bebe, ¡es alucinante!
tranquilo/-a	*ruhig*	¡Tranquilo, tranquilo, no pasa nada!
paciente	*geduldig*	Con este niño hay que ser paciente.
inteligente	*intelligent*	Vamos a buscar una solución inteligente.

vocabulario	dt. Bedeutung	frase en español
culto/-a	*gebildet*	El Sr. Jiménez se cree muy culto.
ambicioso/-a	*ehrgeizig*	Eres demasiado ambicioso.
serio/-a	*ernst*	Manuela es una chica muy seria, nunca se ríe.
severo/-a	*streng*	Gema tiene una profesora muy severa.
tonto/-a	*dumm*	Este chico no me gusta nada, me parece muy tonto.
perezoso/-a	*faul*	Manuel es inteligente, pero perezoso.
vago/-a	*faul*	De joven, yo era muy vago.
raro/-a	*merkwürdig, komisch*	¿Qué te parece el nuevo vecino? – Me parece un poco raro.
loco/-a	*verrückt*	¿Qué estás haciendo? ¿Estás loco?
antipático/-a	*unsympathisch*	¡Qué chico más antipático!
pesado/-a	*nervig, lästig*	¡No seas pesado!
arrogante	*arrogant*	No me gustan las personas arrogantes.
agresivo/-a	*aggressiv*	¿Por qué te pones tan agresivo?
cruel	*grausam*	En la película «Celda 9» hay unas escenas bastante crueles.

8 Los sentimientos – *Gefühle*

vocabulario	dt. Bedeutung	frase en español
sentir(se)[31] (e>ie)	*(sich) fühlen*	¿Cómo te sientes hoy? – Mucho mejor, gracias.
el sentimiento	*Gefühl*	No puede controlar sus sentimientos.
la sensación	*Gefühl*	Tengo la sensación de que el profesor no me quiere.
contento/-a	*zufrieden, froh*	Carolina está contenta porque ha sacado una buena nota en inglés.
feliz	*glücklich*	No todos los niños tienen una infancia feliz.
la alegría	*Freude*	¡Qué alegría verte!
alegrarse	*sich freuen*	Me alegro de que hayas venido.
reírse[34]	*lachen*	Siempre me río cuando leo este capítulo, es genial.
sonreír[34]	*lächeln*	La señora Casafont siempre sonríe.
la esperanza	*Hoffnung*	Nunca hay que perder la esperanza.
esperar	*hoffen, warten*	Espero que estés bien.
desear	*wünschen*	Te deseo Feliz Navidad y Próspero Año Nuevo.
aliviado/-a	*erleichtert*	He aprobado el examen, me siento muy aliviado.
orgulloso/a (de)	*stolz (auf)*	Los Rodríguez están muy orgullosos de su hija.
emocionante	*bewegend, aufregend*	La nueva película de Almodóvar es muy emocionante.
la sorpresa	*Überraschung*	¿Vosotros aquí? ¡Qué sorpresa!
pasarlo bien	*sich amüsieren, Spaß haben*	¡Que lo paséis bien!
pasarlo mal	*sich unwohl fühlen*	Lo pasé muy mal en la fiesta.

vocabulario	dt. Bedeutung	frase en español
perdonar	*verzeihen, entschuldigen*	Esto no te lo voy a perdonar nunca.
el susto	*Schrecken*	Me has dado un susto enorme.
calmar	*beruhigen*	El padre intenta calmar al bebé que llora.
la calma	*Ruhe, Gelassenheit*	Tómatelo con calma.
la indiferencia	*Gleichgültigkeit*	Jesús trata a su ex novia con indiferencia.
impaciente	*ungeduldig*	Luis es un niño muy impaciente.
descontento/-a	*unzufrieden*	Nuestro profesor está descontento con el resultado de los exámenes.
estar[15] harto/-a (de)	*satthaben*	Estoy harta de estar sola.
deprimido/-a	*deprimiert*	Mi primo está deprimido porque no encuentra trabajo.
inquieto/-a	*beunruhigt, unruhig*	La madre está inquieta porque todavía no ha vuelto su hija.
preocuparse	*sich Sorgen machen*	No te preocupes, todo va a salir bien.
el miedo	*Angst*	Las películas de horror me dan miedo.
desesperado/-a	*verzweifelt*	Mi hermana está desesperada, ya no sabe qué hacer.
triste	*traurig*	Ana está muy triste: se ha muerto su perro.
llorar	*weinen*	Pepito está llorando. Se ha caído.
solo/-a	*allein*	A veces me siento muy solo.
odiar	*hassen*	Nuria odia a su ex novio.
aburrirse	*sich langweilen*	Si te aburres, llama a un amigo.
animarse	*den Kopf nicht hängen lassen*	Venga, anímate y ven con nosotros.

Las relaciones sociales – *Soziale Beziehungen*

1 La familia – *Familie*

vocabulario	dt. Bedeutung	frase en español
la familia	*Familie*	Echo de menos a mi familia.
fundar	*gründen*	Teresa y Paco quieren fundar una familia.
los padres	*Eltern*	Los padres se preocupan por su hija.
los papás (col.)	*Eltern*	El domingo mis papás van a verme.
la madre/ mamá	*Mutter/Mama*	Mi mamá es la mejor del mundo.
el padre/ papá	*Vater/Papa*	Mi padre no me comprende, es muy intolerante.
los hijos	*(leibliche) Kinder*	Todos sus hijos viven en el extranjero.
el hijo/la hija	*Sohn/Tochter*	Mi hija está enferma, voy a llamar al médico.
los hermanos	*Geschwister*	Son hermanos, pero son muy diferentes.
el hermano/ la hermana	*Bruder/Schwester*	Me entiendo muy bien con mi hermano.
los abuelos	*Großeltern*	Mis abuelos ya están muertos.
el abuelo/ la abuela	*Großvater/Großmutter*	La abuela tiene 82 años.
el tío/la tía	*Onkel/Tante*	Mi tío Jorge es el hermano de mi madre.
el primo/ la prima	*Cousin/Cousine*	Los primos son los hijos de tus tíos.
la relación	*Beziehung*	Tengo buenas relaciones con mis padres y hermanos.

vocabulario	dt. Bedeutung	frase en español
crecer[4] (c>zc)	*(auf-)wachsen*	Pablo ha crecido mucho, ahora es tan alto como yo.
la educación	*Erziehung, Ausbildung*	Una buena educación es importante.
responsable	*verantwortlich*	Pablo se siente responsable de su hermana pequeña.
cariñoso/-a	*liebevoll, zärtlich*	Martín es un padre muy cariñoso.
la generación	*Generation*	Aquí viven tres generaciones bajo el mismo techo.
convivir	*zusammenleben*	En este barrio conviven personas de muchas culturas diferentes.
el respeto	*Respekt*	La abuela se queja de la falta de respeto.
respetar	*respektieren*	Los padres respetan la voluntad de su hijo.
la bronca	*Ärger, Streit*	Tengo bronca en casa porque he sacado un suspenso en matemáticas.
tratar	*behandeln*	¿Por qué me tratas así?
casarse	*heiraten*	Los españoles se casan cada vez más tarde.
casado/-a	*verheiratet*	Laura y Emilio todavía no están casados.
soltero/-a	*ledig, unverheiratet*	La hija mayor de los Jiménez es soltera.
divorciado/-a	*geschieden*	Mis padres están divorciados.
el marido	*Ehemann*	Maite se ha separado de su marido.
la mujer	*Ehefrau, Frau*	La mujer del Príncipe Felipe se llama Letizia.

2 Los amigos – *Freunde*

vocabulario	dt. Bedeutung	frase en español
conocer[4] (c>zc)	*kennen, kennenlernen*	Conocí a mi marido en el trabajo.
el amigo/ la amiga	*Freund/Freundin*	Manolo es mi mejor amigo.
el novio/ la novia	*(fester) Freund/ (feste) Freundin*	¿Tienes novio?
ayudar(se)	*(sich) helfen*	Entre amigos, hay que ayudarse.
la ayuda	*Hilfe*	Muchas gracias por tu ayuda.
el amor	*Liebe*	A mucha gente le gustan las películas de amor.
querer[33] (e>ie)	*lieben, wollen, möchten*	Te quiero, Susana.
besar	*küssen*	La abuela besa al niño.
coquetear	*flirten*	Mira, Marisa está coqueteando con Tomás.
ligar (con)	*flirten*	Bernardo intenta ligar con una chica del intercambio.
la pasión	*Leidenschaft*	La pasión de Raúl es el fútbol.
echar de menos	*vermissen*	¡Te echo de menos!
presentar	*vorstellen*	Mañana voy a presentarte a mis padres.
la despedida	*Abschied*	Organizamos una fiesta de despedida para los estudiantes de México.
común	*gemeinsam*	No tenéis nada en común.
los/las demás	*die Anderen, die Übrigen*	No me interesa la opinión de los demás.

3 Las fórmulas de cortesía – *Höflichkeitsfloskeln*

vocabulario	dt. Bedeutung	frase en español
el señor (Sr.)	*Herr*	Señor Martínez, tengo una pregunta.
la señora (Sra.)	*Frau*	¿Sabes cómo está el padre de la señora Álvarez?
¡Buenos días!	*Guten Morgen!, Guten Tag!*	¡Buenos días! ¿Has dormido bien?
¡Hola!	*Hallo!*	¡Hola Araceli!
¿Qué tal?	*Wie geht's?*	¿Qué tal? – Muy bien, ¿y tú?
regular (adv.)	*es geht*	¿Cómo estás? – Regular.
saludar	*grüßen*	Saluda a tus padres de mi parte.
¡Adiós!	*Auf Wiedersehen!*	Ahora me voy, ¡adiós!
estimado/-a	*sehr geehrte/-r (Anrede im Brief)*	Una carta formal puede empezar por: «Estimado señor Rodríguez:».
querido/-a	*liebe/-r (Anrede im Brief)*	Cuando escribes una carta a una amiga, empiezas p. ej. por «Querida Marta: ¿Cómo estás?».
el abrazo	*Umarmung, liebe Grüße (am Briefende)*	Para despedirse (en una carta o un e-mail) se dice: «Un fuerte abrazo, Ana».
atentamente	*mit freundlichen Grüßen*	Al final de una carta formal escribes: «Atentamente, Bettina Kerner».
llamarse	*heißen*	Me llamo Marisa Miralles García.
lo siento	*es tut mir leid*	Lo siento mucho.
por favor	*bitte (wenn man um etwas bittet)*	¿Me puedes pasar el periódico, por favor?
gracias	*danke*	Muchas gracias por tu ayuda.
de nada	*bitte schön, gern geschehen*	Muchas gracias. – De nada.
la cortesía	*Höflichkeit*	La cortesía es importante en las relaciones sociales.

La comunicación – *Kommunikation*

1 Hablar – *Sprechen*

vocabulario	dt. Bedeutung	frase en español
la palabra	*Wort*	No sé hablar catalán, conozco sólo algunas palabras.
la frase	*Satz*	¿Es correcta esta frase?
significar	*bedeuten*	¿Qué significa esta palabra?
hablar	*reden*	Habla más alto, por favor.
decir[9] (e>i)	*sagen*	¿Qué has dicho?
charlar	*plaudern*	Los amigos charlan horas y horas por teléfono.
contar[6] (o>ue)	*erzählen, (ab-)zählen*	Cuéntame tu viaje a Berlín.
expresar	*äußern, ausdrücken*	A Rosalía le parece difícil expresar sus sentimientos.
preguntar	*fragen*	¿Por qué no preguntas a tus padres si puedes pasar la noche en mi casa?
la pregunta	*Frage*	¿Tenéis alguna pregunta?
contestar	*(be-)antworten*	Voy a intentar contestar a tu pregunta.
la respuesta	*Antwort*	¿Alguien sabe la respuesta?
suponer[30]	*vermuten*	Supongo que vamos a llegar sobre las diez.
imaginarse	*sich vorstellen*	Imagínate un mundo sin guerra.
gritar	*(an-)schreien, laut rufen*	¿Por qué me gritas?
confirmar	*bestätigen*	Tienes que confirmar la reserva.
acordarse[6] (de) (o>ue)	*sich erinnern (an)*	¿Te acuerdas de aquel día, abuela?

vocabulario	dt. Bedeutung	frase en español
recordar[6] (o>ue)	*sich erinnern*	¿Recuerdas al chico que tuvo un accidente?
el recuerdo	*Erinnerung, Souvenir*	Tengo malos recuerdos del último viaje con mi ex novio.
olvidar olvidarse (de)	*vergessen* *völlig vergessen*	¡Te has olvidado de mi cumpleaños!
bilingüe	*zweisprachig, bilingual*	En Cataluña mucha gente es bilingüe: habla castellano y catalán.
la verdad	*Wahrheit*	¿Por qué no me dices la verdad?
cumplir	*erfüllen*	Este chico nunca cumple su palabra.
el diálogo	*Dialog*	Los diálogos de esta serie de televisión son muy divertidos.
el monólogo	*Monolog*	En el tercer acto el personaje principal tiene un monólogo muy largo.
la comunicación	*Kommunikation*	La comunicación entre el profesor y los estudiantes es importante.
dirigirse (a)	*sich wenden (an), sich begeben (zu)*	Para saber más sobre el intercambio tienes que dirigirte al señor Miralles.

2 Opinar y discutir – *Die eigene Meinung äußern und diskutieren*

vocabulario	dt. Bedeutung	frase en español
la opinión	*Meinung*	No soy de tu opinión.
en mi opinión	*meiner Meinung nach*	En mi opinión, la corrida de toros es una tradición muy cruel.
opinar	*meinen, glauben*	Y tú, ¿qué opinas de la ropa de marca?
según	*nach, laut*	Según mi opinión tenemos que hacer algo.

vocabulario	dt. Bedeutung	frase en español
distinto/-a	*unterschiedlich, anders*	Hay distintas opiniones de cómo solucionar el problema de la inmigración ilegal.
el tema	*Thema*	El tema de la discusión es la inmigración ilegal.
el proyecto	*Projekt*	Me gustaría trabajar en un proyecto social para los niños de la calle.
la información	*Information*	Según mi información la situación en Haití no ha cambiado.
parecer[4] (c>zc)	*finden (Meinung), scheinen*	¿Qué te parece la película «Tapas»? – Me parece muy divertida.
pensar[27] (e>ie)	*denken*	Pienso que no es verdad.
creer[20]	*glauben*	Creo que tienes razón.
estar[15] de acuerdo	*einverstanden sein*	No estoy de acuerdo contigo.
discutir	*diskutieren, streiten*	Adrián siempre discute con sus padres, no se llevan muy bien.
afirmar	*behaupten, sagen*	Los políticos afirman que van a ayudar a las víctimas de la catástrofe.
asegurar	*versichern*	El automovilista asegura que no tiene la culpa del accidente.
comprender	*verstehen*	No comprendo por qué dices eso.
entender[28] (e>ie)	*verstehen*	¿Por qué haces eso? ¡No te entiendo!
admitir	*zugeben*	Admito que esto supone un riesgo.
reconocer[4] (c>zc)	*(an-)erkennen, zugeben*	Reconozco que en este punto tienes razón.
aceptar	*akzeptieren*	¿Por qué no puedes aceptar mi opinión?
aconsejar	*raten*	¿Qué me aconsejas?
el consejo	*Rat(-schlag)*	Necesito tu consejo.

vocabulario	dt. Bedeutung	frase en español
darse[8] cuenta (de)	*(be-)merken*	¿No te das cuenta de que no dice la verdad?
explicar	*erklären*	No lo entiendo, ¿me lo puedes explicar?
proponer[30]	*vorschlagen*	Propongo terminar con esta discusión.
tener[40] ganas (de) (e>ie)	*Lust haben (auf, zu)*	Tengo ganas de ir al cine.
gustar	*gefallen, mögen*	Este libro es muy interesante, me gusta mucho.
preferir[31] (e>ie)	*lieber mögen, vorziehen*	¿Cuál de las dos blusas prefieres?
interesar	*interessieren*	Las películas de horror no me interesan.
interesarse por	*sich interessieren für*	Alejandro se interesa mucho por el fútbol.
posible	*möglich*	¿Por qué no es posible hablar sobre el problema?
la posibilidad	*Möglichkeit*	¿Qué posibilidades hay?
real	*wirklich, echt*	Está claro que el paro es un problema real.
realmente	*wirklich*	Este libro me parece realmente interesante.
la realidad	*Wirklichkeit*	En realidad, tú tampoco tienes una solución al problema.
el sentido	*Sinn*	Esto no tiene sentido.
la idea	*Idee, Ahnung, Vorstellung*	¿Qué vamos a hacer ahora? – Ni idea.
el ejemplo	*Beispiel*	¿Puedes dar un ejemplo concreto?
por ejemplo	*zum Beispiel*	En Barcelona hay varios parques, por ejemplo el Parque Güell.

vocabulario	dt. Bedeutung	frase en español
en general	*im Allgemeinen, normalerweise*	En general, las tiendas en España están cerradas los domingos.
por cierto	*übrigens*	Por cierto, la entrada al Museo Reina Sofía es gratuita los domingos.
a ver	*mal sehen*	¿Conoces este libro? – A ver. No, no lo conozco.
claro/-a	*klar, sicher*	¿Vienes con nosotros? – ¡Claro que sí!
vale	*einverstanden*	Lo vamos a hacer así, ¿vale?
sí	*ja, doch*	¿No estáis de acuerdo? – ¡Sí!

3 Valorar positivamente – *Positiv beurteilen*

vocabulario	dt. Bedeutung	frase en español
cierto/-a	*richtig, wahr, sicher*	Esto no es cierto. – Sí, estoy segura de que es así.
importante	*wichtig*	Este aspecto me parece muy importante.
la importancia	*Wichtigkeit, Bedeutung*	El ministro subraya la importancia de los derechos humanos.
importar	*wichtig sein*	No me importa lo que la gente diga o piense.
necesario/-a	*notwendig, nötig*	No es necesario que me grites.
útil	*nützlich*	La comunicación por e-mail es muy útil.
interesante	*interessant*	¿Qué te parece el libro de Fuentes? – ¡Me parece muy interesante!
normal	*normal*	¿A ti te parece normal esto?
bien (adv.)	*gut*	Hablas el español muy bien.
bueno/-a	*gut*	El programa de este partido político me parece muy bueno.

vocabulario	dt. Bedeutung	frase en español
mejor	*besser, beste/-r/-s*	La propuesta de Pili es mejor que la de Juancho.
bonito/-a	*schön, hübsch*	Tienes un jardín muy bonito.
agradable	*angenehm*	Pasamos unos días muy agradables en tu casa.
estupendo/-a	*hervorragend, wunderbar*	Voy a pasar por tu casa a las tres. – ¡Estupendo!
fenomenal	*fabelhaft, super*	El concierto de Manu Chao fue fenomenal.
genial	*genial*	¡Tengo una idea genial!
guay	*toll*	¿Qué te parece la música? – ¡Guay!
impresionante	*beeindruckend*	He leído la biografía de Rigoberta Menchú. ¡Qué mujer más impresionante!
popular	*beliebt, populär*	Javier Bardem es un actor español muy popular.
justo/-a	*gerecht, fair*	Es importante apoyar el comercio justo.

4 Valorar negativamente – *Negativ beurteilen*

vocabulario	dt. Bedeutung	frase en español
mal (adv.)	*schlecht*	¿Qué te parece mi dibujo? – No está mal.
malo/-a	*schlecht, böse*	Tengo una mala noticia para ti.
peor	*schlimmer, schlimmste/-r/-s*	«Chicos y chicas» es la peor película que he visto.
horrible	*schrecklich*	Su comportamiento me parece horrible.

vocabulario	dt. Bedeutung	frase en español
el horror	*Horror, Schrecken*	Han muerto miles de personas en esta catástrofe, ¡qué horror!
terrible	*furchtbar*	No me gusta tu vestido, ¡es terrible!
fatal	*schrecklich, furchtbar*	Esta chica me cae fatal, es muy antipática.
el desastre	*Desaster, Katastrophe*	Un desastre natural puede ser un tornado, p. ej.
duro/-a	*hart*	En los barrios pobres de Caracas mucha gente lleva una vida muy dura.
aburrido/-a	*langweilig*	Nunca antes he leído un libro tan aburrido, ¿no hay otro mejor?
cursi	*kitschig*	Esta canción de amor me parece demasiado cursi.
ser[39] un rollo	*nervig sein*	Otra vez un suspenso: ¡es un rollo!
extraño/-a	*seltsam, komisch*	La «Tomatina» en la provincia de Valencia es una fiesta bastante extraña: la gente se tira tomates.
prohibir[32]	*verbieten*	¡Te prohíbo hablarme en ese tono!
quejarse (de)	*sich beschweren (über)*	El profesor de biología se ha quejado de ti, Luis.
la crítica	*Kritik*	Cuidado con el jefe, no acepta ninguna crítica.

5 Las exclamaciones – *Ausrufe*

vocabulario	dt. Bedeutung	frase en español
¡Anda!	*Na sowas!*	¡Anda!, ¿qué haces tú por aquí?
¡No me digas!	*Sag bloß!*	Sara se ha separado de su marido. – ¡No me digas!
¡Venga!	*Los!, Komm!*	¡Venga!, vamos a dar un paseo.

vocabulario	dt. Bedeutung	frase en español
¡Adelante!	*Herein!*	Cuando llamó a la puerta, una voz dijo: ¡Adelante!
¡Dígame!	*Hallo! (am Telefon)*	Cuando contestas al teléfono en España, dices «¡Dígame!».
¡Mira!	*Schau mal!*	¡Mira, allí están tus amigos!
¡Oye!	*Hör mal!*	Oye, ¿por qué no invitamos a Manuela a cenar?
¡Fíjate!	*Pass auf!*	Fíjate, te lo voy a explicar otra vez.
¡Cuidado!	*Aufgepasst!, Vorsicht!*	¡Cuidado! ¡Allí hay un accidente!
¡Menudo/-a…!	*Was für ein …!*	¡Menudo día!
¡Menos mal!	*Zum Glück! Gott sei Dank!*	Menos mal que no ha pasado nada.
¡Qué ilusión!	*Welche Freude!, Wie schön!*	¡Qué ilusión verte!
¡Que lo pases/ paséis bien!	*Dir/euch viel Spaß!*	¡Que lo paséis bien en la fiesta!
¡Qué pena!	*(Wie) Schade!*	¿No puedes quedarte un poco más? ¡Qué pena!
¡Qué horror!	*Wie schrecklich!*	¿Dos personas han muerto en el accidente? – ¡Qué horror!

6 Correos y telecomunicación – *Post und Telekommunikation*

vocabulario	dt. Bedeutung	frase en español
Correos	*Post*	Tengo que ir a Correos a por el paquete.
enviar[13]	*senden, verschicken*	Te he enviado un e-mail.
mandar	*senden, verschicken*	Sus abuelos le han mandado un regalo.

vocabulario	dt. Bedeutung	frase en español
recibir	*bekommen, empfangen*	Hoy he recibido una postal de mi hermana.
la carta	*Brief*	Me encanta escribir cartas a mis amigos.
la postal	*Postkarte*	Te vamos a mandar una postal desde Cancún.
el mensaje	*Nachricht, Botschaft*	¿Quiere dejar un mensaje, señor?
el correo electrónico	*E-Mail*	Elisa nos ha enviado la foto por correo electrónico.
la dirección	*Adresse*	¿Me das tu dirección de correo electrónico?
el sello	*Briefmarke*	¿Dónde puedo comprar sellos?
el teléfono	*Telefon*	Mercedes está hablando por teléfono, un momento, por favor.
llamar	*(an-)rufen*	Te llamo mañana, ¿vale?
el (teléfono) móvil	*Handy*	Sin móvil ya no salgo de casa.
el ordenador	*Computer*	En Latinoamérica no se dice «ordenador», sino «computadora».
Internet (m.)	*Internet*	Este chico pasa todo el día en Internet.
la red	*Internet (wörtlich: Netz)*	Internet también se llama «la red».
navegar por Internet	*im Internet surfen*	Hoy en día casi todo el mundo navega por Internet.
utilizar	*benutzen, verwenden*	¿Para qué utilizas el ordenador?

Comer y beber – *Essen und Trinken*

1 Los comestibles – *Lebensmittel*

vocabulario	dt. Bedeutung	frase en español
el comestible	*Lebensmittel*	¿Hay una tienda de comestibles por aquí cerca?
la fruta	*Obst, Frucht*	Tengo que comprar fruta.
el albaricoque	*Aprikose*	Mi abuela sabe hacer un postre delicioso con albaricoques.
la manzana	*Apfel*	El pastel de manzana está muy rico.
el plátano	*Banane*	En algunos países latinoamericanos se dice «banana» en vez de «plátano».
la pera	*Birne*	Mi fruta favorita es la pera.
el melocotón	*Pfirsich*	¿Me pasas la mermelada de melocotón, por favor?
la naranja	*Orange*	¿Quieres un zumo de naranja?
el tomate	*Tomate*	«Pan con tomate» es un plato sencillo y muy rico.
el aguacate	*Avocado*	El guacamole es una salsa mexicana que se hace con aguacates.
la berenjena	*Aubergine*	La berenjena siempre se come cocinada o frita.
el pepino	*Gurke*	Cuando hace mucho calor, me gusta comer una ensalada de pepino.
la cebolla	*Zwiebel*	Cortar cebollas me hace llorar.
el ajo	*Knoblauch*	El alioli es una salsa que se hace a base de aceite de oliva y ajo.
la ensalada	*Salat*	De primero, voy a tomar una ensalada mixta.

vocabulario	dt. Bedeutung	frase en español
la patata	*Kartoffel*	Me encantan las patatas fritas.
el arroz	*Reis*	Compra medio kilo de arroz, por favor.
el pan	*Brot*	¿Me puedes pasar el pan, por favor?
el pescado	*Fisch*	Voy a comprar pescado para la cena.
el marisco	*Meeresfrüchte*	Cerca del mar hay que comer marisco fresco.
la carne	*Fleisch*	No como carne.
el conejo	*Kaninchen*	Mi madre hace la paella con pollo, conejo y mariscos.
el jamón	*Schinken*	Te he preparado un bocadillo de jamón.
el chorizo	*Paprikawurst*	El chorizo se hace con pimentón, por eso es naranja.
la paella	*Paella (bekanntes spanisches Reisgericht)*	En este restaurante puedes comer una paella muy buena.
el queso	*Käse*	El Manchego es un queso conocido en el mundo entero.
el huevo	*Ei*	¿Cómo quieres el huevo: pasado por agua o duro?
el aceite	*Öl*	El aceite de oliva es muy bueno para la salud.
la sal	*Salz*	Creo que tienes que añadir más sal.
la pimienta	*Pfeffer*	A la sopa le falta un poquito de pimienta.
el azúcar	*Zucker*	Tomo el café sin azúcar.
el helado	*Eis*	Quiero un helado de vainilla.
el chocolate	*Schokolade*	¡Me encanta el chocolate!
el chicle	*Kaugummi*	Dicen que mascar chicle hace más inteligente.
la lata	*Dose*	Voy a abrir una lata de sardinas.

2 Las bebidas – *Getränke*

vocabulario	dt. Bedeutung	frase en español
la sed	*Durst*	Tengo mucha sed.
beber	*trinken*	Con este calor que hace hay que beber mucha agua.
la bebida	*Getränk*	En este bar sólo venden bebidas sin alcohol.
tomar	*nehmen, trinken*	¿Quieres tomar algo?
el agua mineral (f.)	*Mineralwasser*	Un agua mineral, por favor. – ¿Con o sin gas?
el zumo	*Saft*	Se puede decir «zumo» o «jugo».
la gaseosa	*Limonade*	La gaseosa sabe a limón.
el té	*(Schwarz-)Tee*	Por la mañana suele tomar té.
el café	*Kaffee*	En España mucha gente sale de casa sin desayunar. Toman un café en el bar.
la leche	*Milch*	¿Quieres un café? – Sí, un café con leche, por favor.
el hielo	*Eis(-würfel)*	Me gusta mucho el café con hielo.
la botella	*Flasche*	No olvides comprar una botella de gaseosa.
el vino	*Wein*	Existen el vino tinto, el vino blanco y el vino rosado.
la cerveza	*Bier*	No tomo nada, ni vino ni cerveza.
el jerez	*Sherry*	El jerez es un tipo de vino español. Es una especialidad de Andalucía.

3 Las comidas – *Mahlzeiten*

vocabulario	dt. Bedeutung	frase en español
el hambre (f.)	*Hunger*	Millones de niños tienen que pasar hambre.
comer	*essen*	¿Ya has comido? – No, no tengo mucha hambre.
la comida	*Essen, Mahlzeit*	La comida es deliciosa.
desayunar	*frühstücken*	En España se desayunan tostadas con mantequilla y mermelada y un zumo de naranja, p. ej.
el desayuno	*Frühstück*	He reservado una habitación doble con desayuno.
almorzar[6] (o>ue)	*zu Mittag essen*	Siempre almorzamos juntos.
cenar	*zu Abend essen*	En los países del Mediterráneo se suele cenar bastante tarde.
preparar	*zubereiten, vorbereiten*	¿Ya habéis preparado la cena?
cocinar	*kochen*	Mi marido sabe cocinar muy bien.
añadir	*hinzufügen*	La sopa está muy buena, pero tienes que añadir un poco de pimienta.
probar[6] (o>ue)	*probieren, kosten*	Prueba la salsa. ¿Tengo que poner más sal?
estar[15] rico/-a	*lecker sein*	Esta pizza está muy rica.
poner[30] la mesa	*den Tisch decken*	¿Puedes poner la mesa, por favor?
el plato	*Gericht, Teller*	Su plato favorito es la paella.
el vaso	*Glas*	¿Podrías darme un vaso de agua, por favor?
ofrecer[4] (c>zc)	*anbieten*	Ofrece un aperitivo a los invitados.

vocabulario	dt. Bedeutung	frase en español
el restaurante	*Restaurant*	Los domingos muchas veces vamos a un restaurante a comer.
el camarero/ la camarera	*Kellner/Kellnerin*	El camarero recomienda la especialidad de la casa.
pedir[26] (e>i)	*bestellen, bitten*	¿Ya has pedido la comida?
recomendar[27] (e>ie)	*empfehlen*	Hoy les recomiendo el plato del día.
la cuenta	*Rechnung*	¿Nos trae la cuenta, por favor?
el bocadillo	*belegtes Brötchen*	A mediodía comemos un bocadillo de jamón o de queso en un bar.
el gazpacho	*Gazpacho (kalte Gemüsesuppe)*	Cuando hace mucho calor me encanta el gazpacho.
la tapa	*Tapa (kleine Vorspeise)*	Esta tarde he comido unas tapas.
la tortilla	*Tortilla (Omelette mit Kartoffeln)*	La tortilla española se hace con huevos y patatas.
picante	*scharf*	«Patatas bravas» son patatas fritas con una salsa de tomate picante.
típico/-a (de)	*typisch (für)*	La tortilla es un plato típico de España.
¡Que aproveche!	*Guten Appetit!*	¡Que aproveche! – Gracias, igualmente.
fumar	*rauchen*	Fumar daña la salud.
el cigarrillo	*Zigarette*	Cada paquete de cigarrillos tiene que llevar un texto, p. ej. «Fumar mata».
la ley antitabaco	*Anti-Tabak-Gesetz*	En España existe una ley antitabaco desde el 2006.

Comprar – *Einkaufen*

1 Las tiendas y las compras – *Geschäfte und Einkäufe*

vocabulario	dt. Bedeutung	frase en español
comprar	*(ein-)kaufen*	Luz ha comprado unos zapatos muy bonitos.
hacer[16] la compra	*einkaufen gehen*	Voy a hacer la compra, hasta luego.
ir[18] de compras	*shoppen gehen*	A mi novio no le gusta ir de compras.
necesitar	*brauchen, benötigen*	Necesitamos tomates, fruta y pan.
la lista	*Liste*	¿Dónde está mi lista de la compra?
la tienda	*Laden, Geschäft*	En la esquina hay una pequeña tienda que está abierta hasta las diez de la noche.
el mercado	*Markt*	«La Boqueria» es un mercado muy bonito en el centro de Barcelona.
el supermercado	*Supermarkt*	Perdón, ¿hay un supermercado por aquí cerca?
el centro comercial	*Einkaufszentrum*	A mí no me gustan los centros comerciales, prefiero las pequeñas tiendas.
la charcutería	*Metzgerei, Wurstwaren*	Esta es la mejor charcutería de toda la ciudad.
la panadería	*Bäckerei*	En las vacaciones voy a trabajar en una panadería.
abrir[1]	*öffnen*	¿A qué hora abre el supermercado? – A las ocho.
estar[15] abierto/-a	*geöffnet sein*	La panadería está abierta desde las siete de la mañana hasta las ocho de la tarde.

vocabulario	dt. Bedeutung	frase en español
cerrar[27] (e>ie)	*schließen*	El bar ya está cerrado.
el cliente/ la clienta	*Kunde/Kundin*	El vendedor le pregunta al cliente si puede ayudar.
el vendedor/ la vendedora	*Verkäufer/Verkäuferin*	Pregunta al vendedor si tienen el jersey en una talla más grande.
vender	*verkaufen*	Vamos a vender el coche, ya no lo necesitamos.
el cajero/ la cajera	*Kassierer/Kassiererin*	Isabel trabaja de cajera en un supermercado.
dar[8]	*geben*	¿Me das un poco de dinero? Voy a comprar pan.

2 El dinero – *Geld*

vocabulario	dt. Bedeutung	frase en español
el dinero	*Geld*	No gano mucho dinero.
el euro	*Euro*	¿Cuánto vale la falda? – Veintinueve euros.
valer[43]	*kosten, wert sein*	La entrada al museo vale ocho euros.
el dólar	*Dollar*	En Estados Unidos se paga con dólares.
el billete	*Geldschein, Fahrkarte*	¿Me puedes cambiar este billete por monedas?
la moneda	*Münze, Währung*	La peseta era la antigua moneda de España.
pagar	*(be-)zahlen*	¿Ya has pagado la cuenta?
en efectivo	*bar*	¿Paga usted en efectivo o con tarjeta?
la tarjeta de crédito	*Kreditkarte*	¡Me han robado mi tarjeta de crédito!
costar[6] (o>ue)	*kosten*	¿Cuánto cuesta el CD?

vocabulario	dt. Bedeutung	frase en español
barato/-a	*billig*	Estos pantalones me encantan, pero no son baratos.
caro/-a	*teuer*	Esta falda es demasiado cara, no voy a comprarla.
gratuito/-a	*gratis*	La entrada al concierto no cuesta nada, es gratuita.
gastar	*ausgeben*	¿Cuánto dinero gastas al mes en comida?
el cajero automático	*Geldautomat*	Voy a sacar dinero del cajero automático.
el banco	*Bank*	José tiene que pedir un crédito en el banco.
pobre	*arm*	La gente pobre no puede gastar mucho dinero en la educación de sus hijos.
la pobreza	*Armut*	Es importante luchar más contra la pobreza en el tercer mundo.
rico/-a	*reich*	No soy pobre ni rico.
la riqueza	*Reichtum*	La riqueza de esta mujer es increíble, es multimillonaria.

La vivienda – *Wohnen*

1 El piso y la casa – *Wohnung und Haus*

vocabulario	dt. Bedeutung	frase en español
la casa	*Haus*	Me gusta mucho tu casa, es muy moderna.
en casa (de)	*zu Hause (bei), bei*	¿Dónde está Pablo? – Está en casa de su amigo.
la vivienda	*Wohnung, Wohnsitz*	No hay suficientes viviendas con un precio aceptable.
el piso	*Wohnung, Appartement*	Quiero cambiar de piso.
propio/-a	*eigene/-s/-r*	Pronto vamos a tener nuestro propio piso.
construir[5] (i>y)	*bauen*	Mi hermano está construyendo una casa.
tener[40] (e>ie)	*haben*	El piso tiene cuatro habitaciones.
alquilar	*mieten*	Los españoles prefieren comprar un piso a alquilarlo.
el alquiler	*Miete*	¡Han aumentado otra vez el alquiler!
la habitación	*Zimmer*	Buscamos un piso con cuatro habitaciones.
el salón	*Wohnzimmer*	Hay otra palabra para «el salón»: «el cuarto de estar».
el comedor	*Esszimmer*	La niña ha puesto la mesa en el comedor.
el pasillo	*Gang, Flur*	El pasillo es bastante oscuro porque no tiene ventana.
el dormitorio	*Schlafzimmer*	El dormitorio está al lado del baño.
dormir(se)[11] (o>ue)	*(ein-)schlafen*	El niño ya está durmiendo.

vocabulario	dt. Bedeutung	frase en español
la cocina	*Küche*	El padre está en la cocina, preparando la cena.
lavar(se)	*(sich) waschen*	Este jersey lo tienes que lavar a mano.
el baño	*Bad, Toilette*	Lávate las manos en el baño.
ducharse	*duschen*	Juanito ha jugado al fútbol, ahora tiene que ducharse.
la puerta	*Tür*	Cierra la puerta, por favor.
arreglar	*aufräumen*	Antes de salir tienes que arreglar tu habitación.
limpiar	*sauber machen, putzen*	Tengo que limpiar el baño.
limpio/-a	*sauber*	La cocina no está muy limpia.
mudarse	*umziehen*	El año pasado los García se mudaron a Zaragoza.
el vecino/ la vecina	*Nachbar/Nachbarin*	Casi todos mis vecinos son muy simpáticos.
el jardín	*Garten*	Tienen una gran casa con jardín.
la terraza	*Terrasse*	Puri está tomando el sol en la terraza.
el patio	*Hof, Innenhof*	En España y Latinoamérica muchas casas tienen un patio.
antiguo/-a	*alt*	Esta iglesia es muy antigua.

2 La decoración y el mobiliario de la casa – *Einrichtung und Möbel*

vocabulario	dt. Bedeutung	frase en español
el mobiliario	*Mobiliar, Möbel*	Acabo de trasladarme y todavía no tengo mucho mobiliario.
la decoración	*Einrichtung, Dekoration*	Me encanta la decoración de esta casa, es moderna, pero confortable.
la lámpara	*Lampe*	Acerca la lámpara, no veo nada.
la mesa	*Tisch*	Pon la mesa, por favor.
la silla	*Stuhl*	No tenemos suficientes sillas para los invitados.
el sillón	*Sessel*	En el salón hay un sofá y dos sillones.
el escritorio	*Schreibtisch*	Necesito un escritorio más grande.
la cama	*Bett*	Estoy cansado, me voy a la cama.
el armario	*Schrank*	Pon la ropa en el armario.
la estantería	*Regal*	Gema saca algunos libros de la estantería.
el cuadro	*Bild*	En el Museo Reina Sofía (Madrid) se encuentra el famoso cuadro de Pablo Picasso «Guernica».
la aspiradora	*Staubsauger*	Voy a pasar la aspiradora antes de que venga la visita.
la alfombra	*Teppich*	Las alfombras de Persia pueden ser verdaderas obras de arte.
la calefacción	*Heizung*	Sube la calefacción, es que tengo frío.
buscar	*suchen*	¿Dónde están mis zapatos nuevos? Ya los he buscado por toda la casa.
encontrar[6] (o>ue)	*finden*	Mira lo que he encontrado en la calle: ¡un billete de 50 euros!
la cosa	*Sache, Ding*	Tengo demasiadas cosas. Necesito un piso más grande.

La educación y la vida profesional – *Ausbildung und Berufsleben*

1 La escuela – *Schule*

vocabulario	dt. Bedeutung	frase en español
la educación	*Erziehung, Bildung*	El ministro de Educación anunció una reforma.
la escuela	*Schule*	Pepito va ahora a la escuela primaria.
el colegio	*Schule*	Jorge va a cambiar de colegio.
el instituto	*in etwa: Gymnasium*	Dicen que este es el mejor instituto de la ciudad.
el director/ la directora	*Schulleiter/Schulleiterin*	La directora de la escuela es autoritaria, pero justa.
el profesor/ la profesora (el/la profe) (col.)	*Lehrer/Lehrerin*	Mi profesor preferido es el señor Gil Arroyo, es muy divertido.
el maestro/ la maestra	*Grundschullehrer/ Grundschullehrerin*	La maestra sabe motivar a sus alumnos.
el alumno/ la alumna	*Schüler/Schülerin*	A todos los alumnos les encantan las vacaciones.
el compañero/ la compañera de clase	*Mitschüler/Mitschülerin*	Uno de mis compañeros de clase tuvo un accidente.
saber[36]	*wissen, können*	Paco sabe mucho sobre las culturas precolombinas.
enseñar	*unterrichten, zeigen*	La señora Arregui enseña Matemáticas.
la asignatura	*Schulfach*	Historia es mi asignatura preferida.
el taller	*AG, Werkstatt*	Federico está en un taller de teatro.

vocabulario	dt. Bedeutung	frase en español
el horario	*Stundenplan, Fahrplan*	¿Qué tenemos ahora? – No sé, mira el horario.
el recreo	*(Schul-)Pause*	¡Lo que más me gusta de la escuela son los recreos!
la biblioteca	*Bibliothek*	La biblioteca está abierta desde las nueve hasta las dos.
la cafetería	*Cafeteria*	La comida de nuestra cafetería es muy buena.
la clase	*Unterricht, Klasse*	Hoy no tenemos clase de español.
el curso	*Kurs, Schuljahr, Klasse*	Cristina está haciendo un curso intensivo de italiano.
el fin de curso	*Schuljahresende*	Para celebrar el fin de curso, vamos a hacer una gran fiesta.
los deberes	*Hausaufgaben*	No tengo ganas de hacer los deberes.
hay[17] que	*man muss*	Para aprender una lengua, hay que estudiar bien el vocabulario.
tener[40] que (e>ie)	*müssen*	Si quieres mejorar tu inglés, tienes que estudiar un poco más.
pendiente	*unerledigt*	Ya he hecho las tareas de inglés, pero tengo un trabajo pendiente.
la secundaria	*in etwa: Mittelstufe*	El año que viene voy a terminar la secundaria.
el sistema	*System*	En Costa Rica tienen un sistema escolar diferente al sistema alemán.

2 En clase – *Im Unterricht*

vocabulario	dt. Bedeutung	frase en español
estar[15] motivado/-a	*motiviert sein*	Hoy los alumnos están muy motivados.
el libro (de texto)	*(Lehr-)Buch*	Cerrad los libros y escuchad atentamente la canción.
el diccionario	*Wörterbuch*	¿Qué significa esta palabra? – No sé, consulta el diccionario.
el texto	*Text*	Traducid el texto al inglés.
repetir[26] (e>i)	*wiederholen*	Repite la pregunta, por favor.
la frase	*Satz*	¿Puedes repetir la frase, por favor?
la página	*Seite*	Haced la tarea 3 de la página 25.
la tarea	*Aufgabe*	Esta tarea me parece muy complicada.
la ponencia	*Referat*	En vez de «ponencia» también se puede decir «presentación oral».
trabajar	*arbeiten*	Trabajad primero en parejas y después en grupos de seis personas.
leer[20]	*lesen*	Para la próxima vez, leed el texto de la página 81.
continuar[7]	*weitermachen*	¿Por qué dejas de leer? ¡Continúa, por favor!
fijarse (en)	*achten (auf)*	Fíjate en los detalles.
apuntar(se)	*(sich) notieren, aufschreiben*	He olvidado apuntar los deberes.
los apuntes	*Notizen, Stichpunkte*	Contestad a esta pregunta en forma de apuntes.
escribir[14]	*schreiben*	No sé qué escribir.
borrar	*ausradieren, löschen, wegwischen*	Aquí hay una falta, tienes que borrarla.

vocabulario	dt. Bedeutung	frase en español
redactar	*verfassen*	Para la semana que viene tenemos que redactar un artículo de periódico sobre la contaminación del aire.
resumir	*zusammenfassen*	Resumid el texto con vuestras propias palabras.
comentar	*kommentieren*	Comenta el comportamiento del protagonista.
marcar	*markieren*	Marca con el ratón el texto que quieres copiar.
subrayar	*unterstreichen, betonen*	Subrayad en rojo los verbos del imperfecto.
la solución	*Lösung*	¿Quién sabe la solución?
solucionar	*lösen*	No sé solucionar el problema de matemáticas.
traducir[41] (c>zc)	*übersetzen*	Traducid esta frase al alemán.
repartir	*verteilen*	El profesor reparte las fotocopias.
estar[15] listo/-a	*fertig sein*	¿Ya estáis listos? – No, necesitamos cinco minutos más.
ser[39] incapaz (de)	*unfähig sein (zu), nicht in der Lage sein (zu)*	Soy incapaz de pronunciar bien esta palabra.
faltar	*fehlen*	¿Quién falta? – Hoy no falta nadie.
la pizarra	*Tafel*	Por favor, borra la pizarra.
la tiza	*Kreide*	Utiliza la tiza amarilla.
la cartera	*Schultasche, Brieftasche*	Ana tiene una cartera muy bonita.
la hoja	*Blatt*	¿Me das una hoja, por favor?
la ficha	*Karteikarte*	Para mi presentación oral apunto los aspectos más importantes en una ficha.
el cuaderno	*Heft*	Escribid estas palabras en vuestro cuaderno.

vocabulario	dt. Bedeutung	frase en español
las tijeras	*Schere*	Necesito unas tijeras.
el lápiz (de color)	*Bleistift, Buntstift*	¿Me puedes dar un lápiz, por favor?
la goma de borrar	*Radiergummi*	Cuando te has equivocado al escribir, necesitas una goma de borrar.
el bolígrafo	*Kugelschreiber*	Prefiero escribir con bolígrafo que con lápiz.
el grupo	*Gruppe*	Trabajad en grupos de cuatro.

3 Los exámenes – *Prüfungen*

vocabulario	dt. Bedeutung	frase en español
el examen	*Prüfung, Klassenarbeit, Klausur*	El lunes tengo un examen escrito de inglés y el miércoles un examen oral de alemán.
la prueba	*Test*	Mañana tenemos una prueba de vocabulario.
aprender	*lernen*	Aún tengo que aprender el vocabulario de la nueva unidad.
empollar	*büffeln, pauken*	Es frustrante. Empollé para este examen, y sin embargo, lo suspendí.
estudiar	*lernen, studieren*	Si queréis aprobar el examen, tenéis que estudiar más.
perfeccionar	*perfektionieren*	Sara va a Francia para perfeccionar su francés.
el esfuerzo	*Anstrengung, Mühe*	Haz un esfuerzo e intenta escribir correctamente.
el estrés	*Stress*	Estoy en pleno estrés por los exámenes finales.
la suerte	*Glück*	¡Mucha suerte en los exámenes!
la falta	*Fehler*	Siempre hago faltas de ortografía.

vocabulario	dt. Bedeutung	frase en español
el aprobado	*ausreichend (Schulnote), bestanden*	¡Qué suerte, tengo un aprobado!
el suspenso	*ungenügend (Schulnote), nicht bestanden*	Carlos está triste porque tiene un suspenso en inglés.
el éxito	*Erfolg*	Paco tiene mucho éxito.
el fracaso escolar	*schulisches Versagen*	Hay un nuevo estudio sobre las causas del fracaso escolar.
fácil	*einfach*	Esta tarea no es fácil.
difícil	*schwierig*	Es difícil concentrarse con este ruido.
sencillo/-a	*einfach*	El examen fue bastante sencillo.

4 El intercambio – *Austausch*

vocabulario	dt. Bedeutung	frase en español
el intercambio	*Austausch*	Nuestro colegio tiene un intercambio con Zaragoza.
dar[8] la bienvenida	*willkommen heißen*	Dimos la bienvenida a los alumnos del intercambio.
bienvenido/-a	*willkommen*	¡Bienvenidos a nuestra escuela!
la experiencia	*Erfahrung*	El intercambio fue una experiencia fantástica para todos.
internacional	*international*	Un intercambio internacional ofrece muchas ventajas.
participar (en)	*teilnehmen (an)*	Alicia participa en un intercambio con Francia.

5 La formación y las profesiones – *Ausbildung und Berufe*

vocabulario	dt. Bedeutung	frase en español
la formación	*Ausbildung, Bildung*	Una buena formación escolar tiene muchas ventajas.
el aprendiz/ la aprendiza	*Azubi, Auszubildender/ Auszubildende*	Carlos trabaja de aprendiz en un taller de coches.
el aprendizaje	*Lehre*	Ana está muy contenta. Por fin ha obtenido un puesto de aprendizaje.
la universidad	*Universität*	Antes de ir a la universidad quiero pasar un año en el extranjero.
el/la estudiante	*Student/-in, Schüler/-in*	Esta universidad tiene más de 50 000 estudiantes.
la carrera	*Studium, Laufbahn, Karriere*	La carrera para ser médico no es fácil y dura varios años.
los estudios	*Studium*	El año que viene voy a empezar los estudios de Medicina.
la profesión	*Beruf*	¿Cuál es tu profesión ideal? – Quiero ser arquitecto.
la vida profesional	*Berufsleben*	Hablar otros idiomas puede ayudarte en tu vida profesional.
el trabajo	*Arbeit*	Mi hermano no encuentra trabajo.
el trabajador/ la trabajadora	*Arbeitnehmer/-in, Arbeiter/-in*	Los trabajadores piden más dinero.
el artesano/ la artesana	*Handwerker/ Handwerkerin*	Alejandro quiere ser artesano, como su abuelo.
el campesino/ la campesina	*Bauer/Bäuerin*	La vida de un campesino puede ser muy dura.
el empleado/ la empleada	*Angestellter/Angestellte*	El padre de Felipe es empleado en una pequeña empresa.

vocabulario	dt. Bedeutung	frase en español
el/la periodista	*Journalist/-in*	Yo de mayor quiero ser periodista.
el traductor/ la traductora	*Übersetzer/Übersetzerin*	La madre de Carolina trabaja de traductora en el ministerio.
el actor/la actriz	*Schauspieler/ Schauspielerin*	Antonio Banderas es un actor muy famoso.
el secretario/ la secretaria	*Sekretär/Sekretärin*	La secretaria contesta al teléfono.
el ingeniero/ la ingeniera	*Ingenieur/Ingenieurin*	Muchas empresas buscan ingenieros.
la oficina	*Büro*	No me puedo imaginar trabajar en una oficina.
el/la colega	*Kollege/-in, Kumpel (ugs.)*	No me entiendo bien con mi colega.
el jefe/la jefa	*Chef/Chefin*	La jefa de la empresa es aún muy joven.
la reunión	*Treffen, Besprechung*	Mañana a las nueve tenemos una reunión muy importante.
reunirse[35]	*sich treffen, sich versammeln*	Esta tarde se reúnen todos para discutir sobre el proyecto.
decidir	*entscheiden*	Podemos proponer algo, pero es el jefe quien decide.
la decisión	*Entscheidung*	No puede continuar así, tenemos que tomar una decisión.
la entrevista	*Bewerbungsgespräch, Interview*	Es importante que te prepares bien para una entrevista de trabajo.
el currículum (vitae) (CV)	*Lebenslauf*	Lo hemos invitado a esta entrevista porque su currículum nos parece muy interesante.
el contrato	*Vertrag*	El año que viene me van a hacer un contrato fijo.
despedir[26] (e>i)	*kündigen*	Han despedido a Esteban.

Los pasatiempos y la cultura – *Freizeitbeschäftigungen und Kultur*

1 El deporte y los juegos – *Sport und Spiele*

vocabulario	dt. Bedeutung	frase en español
el tiempo libre	*Freizeit*	¿Qué haces en tu tiempo libre?
el hobby	*Hobby*	Mi hermano no tiene ningún hobby.
la afición	*Hobby*	Ya no tengo tiempo para aficiones.
el aficionado/ la aficionada	*Fan, Anhänger/-in*	Somos aficionados a la música ska.
jugar[19] (a) (u>ue)	*spielen*	Los martes juego al tenis. ¿Quieres jugar conmigo?
el juego	*Spiel*	¿Tu móvil tiene juegos?
el ajedrez	*Schach*	¿Vamos a jugar una partida de ajedrez?
perder[28] (e>ie)	*verlieren*	Estamos deprimidos porque hemos perdido.
ganar	*gewinnen, verdienen*	Alicia siempre quiere ganar, no sabe perder.
el deporte	*Sport*	Hacer deporte es bueno para la salud.
practicar	*(Sport) treiben, üben*	¿Practicas algún deporte?
el fútbol	*Fußball*	El fútbol es uno de los deportes más populares del mundo.
el baloncesto	*Basketball*	El baloncesto es un deporte rápido.
el voleibol	*Volleyball*	Nos gusta jugar al voleibol en la playa.
el balonmano	*Handball*	Jaime tiene talento para jugar al balonmano.

vocabulario	dt. Bedeutung	frase en español
el equipo	*Mannschaft, Team*	Nuestro equipo ha ganado el partido de fútbol.
el concurso	*Wettbewerb*	El equipo de voleibol va a participar en un concurso.
la Selección	*Nationalmannschaft*	La Selección española ha ganado el Mundial de Fútbol en Sudáfrica.
el estadio	*Stadion*	El «Camp Nou» es el estadio del Fútbol Club Barcelona.
nadar	*schwimmen*	Hay todavía mucha gente en el mundo que no sabe nadar.
la piscina	*Schwimmbad*	Los sábados los niños van a la piscina.
montar a caballo	*reiten*	Quiero aprender a montar a caballo.

2 La música – *Musik*

vocabulario	dt. Bedeutung	frase en español
la música	*Musik*	Mi pasatiempo favorito es la música.
la banda	*Band*	«Maná» son una banda de rock latina muy buena.
la canción	*Lied*	Esta canción es muy original, me encanta.
la letra	*Liedtext, Buchstabe*	No me gusta la letra de la canción.
cantar	*singen*	A mi abuelo le gusta cantar.
el ritmo	*Rhythmus*	Los jóvenes bailan al ritmo de la música.
el concierto	*Konzert*	Mañana hay un concierto de música clásica con un pianista muy famoso.
la entrada	*Eintrittskarte, Eingang*	Ya no quedan entradas para el concierto de Ketama.

vocabulario	dt. Bedeutung	frase en español
tocar un instrumento	*ein Instrument spielen*	¿Qué instrumento tocas en tu grupo de música, Juan?
el saxo(-fón)	*Saxophon*	Toco el saxofón.
la guitarra	*Gitarre*	Julio da clases de guitarra.
el piano	*Klavier*	Mi instrumento favorito es el piano.
el violín	*Geige*	Mi hermano toma clases de violín.
el tipo	*Art*	¿Qué tipo de música te gusta?
favorito/-a	*Lieblings-*	Mi música favorita es el pop latino.
el flamenco	*Flamenco*	No sé bailar flamenco, pero la música me encanta.

3 El arte – *Kunst*

vocabulario	dt. Bedeutung	frase en español
la cultura	*Kultur*	Mi hijo se interesa por la cultura.
cultural	*kulturell, Kultur-*	Presentan cuadros de pintores chilenos en el centro cultural.
el arte	*Kunst*	Marta se interesa por el arte chino.
artístico/-a	*künstlerisch*	Tiene talento artístico.
dibujar	*zeichnen*	Nos encanta dibujar.
la foto(-grafía)	*Foto(-grafie)*	Siempre sacamos muchas fotos cuando nos vamos de viaje.
el museo	*Museum*	El Prado en Madrid es uno de los museos de arte más grandes del mundo.
la exposición	*Ausstellung*	Los alumnos preparan una exposición sobre la historia de su escuela.
la arquitectura	*Architektur*	El Museo Guggenheim en Bilbao es un buen ejemplo de la arquitectura moderna.

4 La literatura – *Literatur*

vocabulario	dt. Bedeutung	frase en español
la literatura	*Literatur*	Me gusta mucho la literatura latinoamericana.
el escritor/ la escritora	*Schriftsteller/ Schriftstellerin*	¿Cuál es tu escritor favorito?
la obra	*Werk*	La biblioteca tiene las obras completas de Miguel de Cervantes.
la novela	*Roman*	La famosa novela «Cien años de soledad» es de Gabriel García Márquez.
el cuento	*Erzählung, Märchen*	Actualmente estoy leyendo los cuentos de «Las mil y una noches».
la comedia	*Komödie*	En la escuela leemos una comedia de Lope de Vega.
la poesía	*Poesie, Gedichte*	Me gusta mucho la poesía de Antonio Machado.
el/la protagonista	*Protagonist/-in, Hauptfigur*	Describid al protagonista de la novela.
el título	*Titel*	La novela de Francesc Miralles lleva el título «Amor en minúscula».

5 Los medios de comunicación – *Medien*

vocabulario	dt. Bedeutung	frase en español
el periódico	*Zeitung*	Después de comer mi padre lee el periódico.
la revista	*Zeitschrift*	«¡Guay!» es una revista para jóvenes.
el anuncio	*Anzeige, Annonce*	Juan quiere comprar una moto de segunda mano, por eso mira los anuncios.

vocabulario	dt. Bedeutung	frase en español
la entrevista	*Interview*	El periodista hace una entrevista a Penélope y Mónica Cruz.
la radio	*Radio*	Cuando limpio el piso, siempre escucho la radio.
el televisor	*Fernseher*	Me he comprado un televisor más grande.
la película	*Film*	En este cine ponen la nueva película de Pedro Almodóvar.
el telediario	*Fernsehnachrichten*	Antes de cenar veo el telediario.
la telenovela	*melodramatische Fernsehserie, Telenovela*	Odio las telenovelas.
el programa	*Programm*	El programa de televisión es muy malo.
la publicidad	*Werbung*	Durante la película hay publicidad.
el reportaje	*Reportage, Bericht*	En la tele hay un reportaje interesante sobre la inmigración ilegal.

6 Salir – *Ausgehen*

vocabulario	dt. Bedeutung	frase en español
salir[37]	*ausgehen, weggehen*	Hoy no tengo ganas de salir.
divertirse[31] (e>ie)	*Spaß haben, sich amüsieren*	¡Que te diviertas!
quedar	*sich verabreden, sich treffen*	¿Quedamos en la Plaza de Mayo?
hacer[16]	*machen, tun*	¿Qué vas a hacer el fin de semana?
el plan	*Plan*	¿Ya tenéis planes para el sábado?
el bar	*Kneipe*	En este barrio hay muchos bares.

vocabulario	dt. Bedeutung	frase en español
la cartelera	*Stadtmagazin, Veranstaltungs-programm*	¿A qué hora empieza el concierto? – Pues mira en la cartelera.
la cita	*Termin, Verabredung*	Hoy no puedo ir al teatro, ya tengo una cita con un amigo.
la oportunidad	*Gelegenheit*	Aún no hemos tenido oportunidad de visitar el Museo del Prado.
la disco(teca)	*Disko(-thek)*	Esta noche tengo ganas de bailar. ¿Vamos a la discoteca?
bailar	*tanzen*	El sábado bailamos hasta la madrugada.
el baile	*Tanz*	Paula va ahora a una academia de baile.
el cine	*Kino*	¿Vamos al cine? Ponen una película con Antonio Banderas.
el teatro	*Theater*	¿Te gusta el teatro?
el botellón	*Treffen von Jugendlichen zum Trinken, meist auf Straßen oder öffentlichen Plätzen*	Los fines de semana muchos jóvenes hacen botellón porque es más barato que ir a un bar.
la marcha (col.)	*Spaß, Stimmung, Atmosphäre*	En este barrio hay mucha marcha por la noche.
el ambiente	*Stimmung, Atmosphäre, Ambiente*	El ambiente de la fiesta es muy bueno, todos se divierten.

Las vacaciones – *Urlaub*

1 El viaje y el turismo – *Reise und Tourismus*

vocabulario	dt. Bedeutung	frase en español
el turismo	*Tourismus*	Mucha gente vive del turismo.
el/la turista	*Tourist/-in*	En verano la ciudad está llena de turistas.
las vacaciones	*Ferien*	En las vacaciones de verano voy a visitar a mi prima en Mallorca.
el viaje	*Reise*	La señora Fuentes está de viaje.
viajar	*reisen*	Me encanta viajar y conocer otras culturas.
visitar	*besichtigen, besuchen*	¿Ya habéis visitado el museo Picasso?
la excursión	*Ausflug*	Vamos a hacer una excursión en bicicleta.
el/la guía	*Reiseführer/-in*	El guía explica la historia de la Mezquita de Córdoba.
el mapa	*Landkarte*	¿Por dónde tenemos que ir ahora? – Pues mira en el mapa.
la ruta	*Reiseweg, Route, Strecke*	Los turistas quieren tomar la ruta más interesante.
el folleto	*Broschüre*	Mira, aquí tenéis un folleto con las direcciones de los hoteles.
la vista	*Sicht, Aussicht*	Desde la Giralda tienes una vista fantástica de Sevilla.
disfrutar de	*genießen*	¡Disfruta de las vacaciones!
la fama	*Berühmtheit, Ruhm, Ruf*	La Alhambra en Granada tiene fama en todo el mundo.

vocabulario	dt. Bedeutung	frase en español
famoso/-a	*berühmt*	La Rioja es famosa por su vino.
la mochila	*Rucksack*	Tu mochila pesa mucho, ¿qué llevas dentro?
la playa	*Strand*	En verano los niños pasan mucho tiempo en la playa.
la aventura	*Abenteuer*	Nuestro viaje a África fue una gran aventura.

2 El alojamiento – *Unterkunft*

vocabulario	dt. Bedeutung	frase en español
el alojamiento	*Unterkunft*	¿Por qué no consultas la información turística si buscas alojamiento en Buenos Aires?
el albergue juvenil	*Jugendherberge*	Nos alojamos en un albergue juvenil en el centro de Barcelona.
el camping	*Campingplatz, Zeltplatz*	En las vacaciones voy a trabajar en un camping.
el hotel	*Hotel*	Busco un hotel céntrico y no demasiado caro.
la habitación individual/doble	*Einzel-/Doppelzimmer*	Una habitación individual para tres noches, por favor.
la media pensión	*Halbpension*	¿Prefiere media pensión o pensión completa?
reservar	*reservieren*	Hemos reservado una habitación doble y una habitación individual.
la cabaña	*Hütte*	Vamos a pasar el fin de semana en una pequeña cabaña en la montaña.

El tráfico – *Verkehr*

1 La circulación – *Straßenverkehr*

vocabulario	dt. Bedeutung	frase en español
la circulación	*Verkehr, Zirkulation*	La circulación de coches en el centro de Madrid ha aumentado.
el tráfico	*Verkehr*	En la radio dan información actual del tráfico.
el atasco	*Stau*	A esas horas siempre hay muchos atascos.
el camino	*Weg*	Un turista pregunta por el camino.
la calle	*Straße*	Por la noche hay poca gente en la calle.
la carretera la autopista	*Landstraße* *Autobahn*	¿Quieres ir por carretera o por autopista?
el peaje	*Maut*	En las autopistas españolas tienes que pagar peaje.
cruzar	*überqueren*	Carlos ayuda a su abuelo a cruzar la calle.
el ruido	*Lärm*	Este coche hace mucho ruido.
todo recto	*geradeaus*	Sigue todo recto hasta llegar a una gran plaza.
a la izquierda (de)	*links (von)*	A la izquierda de la oficina de turismo hay una tienda.
a la derecha (de)	*rechts (von)*	La calle Cervantes es la tercera a la derecha.
girar	*abbiegen*	En la segunda calle giras a la izquierda.

2 Los medios de transporte – *Verkehrsmittel*

vocabulario	dt. Bedeutung	frase en español
el medio de transporte	*Verkehrsmittel*	¿Qué medio de transporte prefieres para ir a España?
el aeropuerto	*Flughafen*	El aeropuerto de Madrid es el más importante de España.
volar[6] (o>ue)	*fliegen*	Las estadísticas dicen que volar es uno de los modos más seguros de viajar.
el avión	*Flugzeug*	Carlos odia los aviones porque tiene miedo a volar.
el pasajero	*Passagier*	El avión tiene sitio para ochenta pasajeros.
el destino	*Reiseziel*	Último aviso para los pasajeros con destino a Berlín.
el coche	*Auto*	No necesito coche, los medios de transporte públicos son excelentes.
coger	*nehmen*	Para ir a mi casa coges la línea amarilla hasta «Sol».
tomar	*nehmen*	En Latinoamérica se dice «tomar» en vez de «coger».
el metro	*U-Bahn*	Ir en metro es muy práctico y no es caro.
el autobús	*Bus*	Hay un autobús cada veinte minutos.
la parada	*Haltestelle*	Hasta la Plaza de Cataluña hay cuatro paradas.
bajar(se)	*aussteigen, (he-)runtergehen*	Tienes que bajarte en la siguiente parada.
subir	*einsteigen, hochgehen*	El hombre sube al taxi.
el tren	*Zug*	El tren ya tiene media hora de retraso.

vocabulario	dt. Bedeutung	frase en español
la estación	*Bahnhof*	Madrid tiene dos grandes estaciones.
el billete	*(Fahr-)Schein, Ticket*	Un billete para Córdoba, por favor. – ¿Un billete sencillo o de ida y vuelta?
la ventanilla	*Schalter*	Puedes comprar el billete en la ventanilla o en la máquina de billetes.
el andén	*Bahnsteig*	¿De qué andén sale el tren para Buenos Aires?
la llegada	*Ankunft*	A mi llegada me esperaba toda la familia.
la salida	*Abreise, Abfahrt*	La salida es a las nueve en la Plaza de la Universidad.
la bicicleta	*Fahrrad*	Siempre voy al trabajo en bicicleta.
la moto(cicleta)	*Motorrad, Mofa*	El año que viene quiero comprarme una motocicleta, pero mis padres no están de acuerdo.

El mundo – *Die Welt*

1 El tiempo y el clima – *Wetter und Klima*

vocabulario	dt. Bedeutung	frase en español
el tiempo	*Wetter, Zeit*	¿Qué tiempo hace hoy?
el clima	*Klima*	España tiene un clima mediterráneo.
el cambio climático	*Klimawandel*	El cambio climático puede tener consecuencias muy drásticas.
el calor	*Hitze, Wärme*	¡Qué calor!
el sol	*Sonne*	Hoy no hace sol.
el frío	*Kälte*	En invierno hace mucho frío.
la nieve	*Schnee*	¡Empiezo a estar harto de la nieve!
nevar[23] (e>ie)	*schneien*	También en Latinoamérica nieva, p. ej. en el sur de Argentina.
la lluvia	*Regen*	La falta de lluvia preocupa a los agricultores.
llover[21] (o>ue)	*regnen*	En Galicia llueve muchas veces.
el viento	*Wind*	En Patagonia hay mucho viento.
el aire	*Luft*	En la montaña, el aire es más sano que en la ciudad.
la nube	*Wolke*	Hace buen tiempo, no hay ni una sola nube en el cielo.
la tormenta	*Gewitter*	Sobre todo en agosto y septiembre hay a veces fuertes tormentas.

2 Los mares, los ríos y los lagos – *Meere, Flüsse und Seen*

vocabulario	dt. Bedeutung	frase en español
el mar	*Meer*	Me encanta nadar en el mar.
la isla	*Insel*	Muchos turistas pasan sus vacaciones en las Islas Baleares.
el Océano Atlántico	*Atlantischer Ozean*	Al oeste de España está el Océano Atlántico.
el Océano Pacífico	*Pazifischer Ozean*	Las Islas Galápagos están en el Océano Pacífico, cerca de Ecuador.
el barco	*Schiff*	¿Cómo vas a Mallorca, en barco?
el puerto	*Hafen*	El puerto de Bilbao es uno de los puertos más importantes de España.
el río	*Fluss*	El Ebro es el segundo río más grande de España.
el lago	*See*	En el lago de Nicaragua hay más de 400 islas.

3 La tierra – *Die Erde*

vocabulario	dt. Bedeutung	frase en español
la Tierra	*Erde*	A la Tierra se le llama también el planeta azul.
el mundo	*Welt*	Para Sandra, Chile es el país más hermoso del mundo.
mundial	*Welt-*	La población mundial sigue aumentando.
el continente	*Kontinent*	Australia es el único continente donde todavía no he estado.
la montaña	*Berg, Berge*	Vamos a pasar el fin de semana en la montaña.
el monte	*Berg*	El monte más alto de España es el Teide (Tenerife).

vocabulario	dt. Bedeutung	frase en español
los Andes	*Anden*	Los Andes son una gran montaña en Argentina, Bolivia, Chile, Ecuador, Colombia, Perú y Venezuela.
los Alpes	*Alpen*	El Mont Blanc (Monte Blanco) es el monte más alto de los Alpes.
los Pirineos	*Pyrenäen*	Andorra está en los Pirineos.
el valle	*Tal*	Ha nevado en el valle: todo está blanco.
el altiplano	*Hochebene*	El lago Titicaca se encuentra en el altiplano de los Andes.
el norte	*Norden*	La ventana da al norte.
el sur	*Süden*	Andalucía está en el sur de España.
el este el oeste	*Osten* *Westen*	El sol se levanta por el este y se acuesta por el oeste.
la piedra	*Stein*	En esta playa hay muchas piedras.
el fuego	*Feuer*	Hacer fuego en una zona seca puede ser peligroso.

4 La naturaleza y el medio ambiente – *Natur und Umwelt*

vocabulario	dt. Bedeutung	frase en español
la naturaleza	*Natur*	Me gusta estar en la naturaleza.
el medio ambiente	*Umwelt*	La destrucción del medio ambiente es preocupante.
proteger	*(be-)schützen*	Hay que proteger la naturaleza.
la basura	*Müll*	La gente produce demasiada basura.
la ecología	*Ökologie*	Me intereso mucho por la ecología.
la contaminación	*Verschmutzung*	La contaminación de los mares es un problema serio.
la planta	*Pflanze*	La «flor de nieve» es una planta que crece en la montaña.

vocabulario	dt. Bedeutung	frase en español
el bosque	*Wald*	Durante el verano está prohibido fumar en los bosques.
la selva	*Wald*	Tenemos que luchar contra la destrucción de la selva tropical.
el árbol	*Baum*	Ha llegado el otoño: las hojas se caen de los árboles.
la flor	*Blume*	Mira, ¡qué flores más bonitas!
el animal	*Tier*	A Leo le encantan los animales.
el pájaro	*Vogel*	En el jardín hay muchos pájaros.
el perro	*Hund*	Se dice que el perro es el mejor amigo del hombre.
el gato	*Katze*	Carolina y su hermano no se llevan bien: son como el perro y el gato.
el caballo	*Pferd*	¿Cuáles son tus hobbies? – Escuchar música y montar a caballo.

5 Los países y las regiones – *Länder und Regionen*

vocabulario	dt. Bedeutung	frase en español
el país	*Land*	Vivimos en un país bastante rico.
Europa (f.)	*Europa*	Muchos inmigrantes sueñan con una vida mejor en Europa.
europeo/a	*europäisch*	Muchos países europeos pertenecen a la Unión Europea.
España (f.)	*Spanien*	¡España me encanta!
español/-a	*spanisch*	¿Te gusta la cocina española?
castellano/-a	*spanisch*	El idioma español se llama también castellano.
hispanohablante	*Spanisch sprechend, spanischsprachig*	En Estados Unidos hay muchos hispanohablantes.

vocabulario	dt. Bedeutung	frase en español
Cataluña (f.)	*Katalonien*	Cataluña es una comunidad autónoma.
catalán/catalana	*katalanisch*	En Cataluña hay dos lenguas oficiales: el castellano y el catalán.
Galicia (f.)	*Galicien*	En Galicia se habla castellano y gallego.
gallego/-a	*galicisch*	La lengua gallega es un poco como el portugués.
el País Vasco	*Baskenland*	El País Vasco se encuentra en el norte de España.
vasco/-a	*baskisch*	Nadie conoce el origen de la lengua vasca.
Andalucía (f.)	*Andalusien*	En Andalucía se nota la influencia de diferentes culturas.
andaluz/-a	*andalusisch*	¿Te gusta la comida andaluza?
Alemania (f.)	*Deutschland*	¿Es verdad que en Alemania llueve mucho?
alemán/alemana	*deutsch*	Hablar alemán me parece bastante difícil.
Estados Unidos (EE. UU.) (m. pl.)	*Vereinigte Staaten (USA)*	Muchos mexicanos emigran a Estados Unidos.
estadounidense	*US-amerikanisch*	El presidente estadounidense ha dicho que quiere legalizar a los inmigrantes ilegales.
japonés/japonesa (= de Japón)	*japanisch*	La escritura japonesa es difícil de aprender.
francés/francesa (= de Francia)	*französisch*	El Roquefort es un queso francés.
portugués/portuguesa (= de Portugal)	*portugiesisch*	Un ejemplo típico de la música portuguesa es el fado.

vocabulario	dt. Bedeutung	frase en español
italiano/-a (= de Italia)	*italienisch*	La cocina italiana me encanta.
inglés/inglesa (= de Inglaterra)	*englisch*	En el colegio nos enseñan el inglés británico.
austriaco/-a (= de Austria)	*österreichisch*	Felix habla alemán con un fuerte acento austriaco.
ruso/-a (= de Rusia)	*russisch*	«La ensaladilla rusa» es un plato a base de patatas, verduras y mayonesa.
suizo/-a (= de Suiza)	*schweizerisch*	Las navajas suizas son conocidas en todo el mundo.
neerlandés/neerlandesa (= de los Países Bajos)	*niederländisch*	La reina neerlandesa se llama Beatriz.
mexicano/-a (= de México)	*mexikanisch*	En 1990, Octavio Paz, un escritor y poeta mexicano, recibió el Premio Nobel de Literatura.
colombiano/-a (= de Colombia)	*kolumbianisch*	El cantante Juanes es colombiano.
americano/-a	*amerikanisch*	No hay muchos inmigrantes que han podido realizar el sueño americano.
América Latina (f.)	*Lateinamerika*	En América Latina se habla español o portugués.
árabe	*arabisch*	En Sevilla se nota mucho la influencia árabe en la arquitectura.
la capital	*Hauptstadt*	Madrid es la capital de España.
la población	*Bevölkerung*	La población indígena lucha por sus derechos.
el/la compatriota	*Landsmann/-männin*	Rafi es un compatriota, él también es de Chile.

vocabulario	dt. Bedeutung	frase en español
el origen	*Herkunft, Ursprung*	En Argentina hay mucha gente de origen europeo.
el idioma	*Sprache*	Mi madre sabe hablar siete idiomas.
la lengua	*Sprache*	Al lado del castellano, en España se hablan varias lenguas: el vasco, el catalán y el gallego, p. ej.
encontrarse[6] (o>ue)	*sich befinden*	Córdoba se encuentra en Andalucía.
la frontera	*Grenze*	¿Ya hemos pasado la frontera?
el extranjero/ la extranjera	*Ausländer/Ausländerin*	En Mallorca viven muchos extranjeros.
el quechua	*Quechua*	El quechua, un idioma indio, se habla sobre todo en los Andes.
la provincia	*Provinz*	Alicante es una provincia de la Comunidad valenciana.
la región	*Region, Gegend*	Asturias es una de las regiones más bonitas de España.

6 La ciudad y el campo – *Stadt und Land*

vocabulario	dt. Bedeutung	frase en español
la ciudad	*Stadt*	¿Te gusta vivir en una gran ciudad?
el pueblo	*Dorf, Volk*	Vivo en un pueblo cerca de Barcelona.
el/la habitante	*Bewohner/-in*	Ciudad de México tiene unos veinte millones de habitantes.
el centro	*Zentrum, Stadtmitte*	En el centro de la ciudad hay un gran centro comercial.
el barrio	*Stadtviertel*	Es un barrio bonito, pero bastante tranquilo.
la plaza	*Platz*	Hay una gran plaza en el centro del pueblo.

vocabulario	dt. Bedeutung	frase en español
el edificio	*Gebäude*	Este edificio de Santiago Calatrava es muy moderno, me gusta mucho.
la torre	*Turm*	La Sagrada Familia tiene ocho torres.
el puente	*Brücke*	Están construyendo un gran puente.
el parque	*Park*	El Parque del Retiro en Madrid es grande y muy bonito.
el plano	*(Stadt-)Plan*	Aquí tienes un plano del metro.
moderno/-a	*modern*	Madrid es una ciudad moderna.
el campo	*Land (im Gegensatz zur Stadt), Feld*	Prefiero vivir en el campo a vivir en la ciudad.
rural	*ländlich*	La vida rural puede ser dura.
el lugar	*Ort*	No me gustan los lugares turísticos.
el sitio	*Ort, Platz*	La playa es el sitio ideal para descansar.

7 Otras nociones de lugar – *Weitere Ortsbegriffe*

vocabulario	dt. Bedeutung	frase en español
aquí	*hier*	¿Dónde estás? – Aquí, en la cocina.
ahí	*da, dort*	¿Prefieres esta camisa de aquí o esa de ahí?
allí	*dort*	Mira, allí están Carlos y Jorge.
a	*nach, zu*	Estoy cansado, me voy a casa.
de	*von, aus*	Soy de Alemania. Y tú, ¿de dónde eres?
en	*in, auf, an*	Vivo en San Sebastián, en el País Vasco.
encima de	*auf, darauf*	¿Has visto el periódico? – Sí, está encima de la mesa.

vocabulario	dt. Bedeutung	frase en español
sobre	*auf,* *über*	Los pantalones están sobre la cama.
entre	*zwischen*	Ponemos el armario entre la cama y la mesa, ¿vale?
debajo de	*unter*	Tus zapatos están debajo de la cama.
delante de	*vor (örtlich)*	¿Quedamos delante del cine?
detrás de	*hinter*	Detrás de la casa hay un jardín muy bonito.
en medio de	*mitten in,* *mittendrin in*	Mira, hay un pequeño perro en medio de la calle.
al final de	*am Ende von*	Al final de la calle hay un supermercado, ¿lo ves?
al lado de	*neben*	¿Ves a esa chica que está al lado de Paco?
cerca de	*nahe bei,* *in der Nähe von*	Cerca de mi casa hay una piscina.
lejos de	*weit weg von,* *weit entfernt von*	La estación no está lejos de aquí.

La sociedad – *Gesellschaft*

1 La historia – *Geschichte*

vocabulario	dt. Bedeutung	frase en español
la historia	*Geschichte*	La historia me interesa mucho.
histórico/-a	*historisch, geschichtlich*	El guía les explica los monumentos históricos de Ávila a los turistas.
cambiar	*sich (ver-)ändern, wechseln*	Después de la guerra, la sociedad ha cambiado.
el cambio	*(Ver-)Änderung, Wandel*	Para salir de la crisis necesitamos un cambio social y económico.
descubrir	*entdecken*	En 1492 Cristóbal Colón descubrió América.
el descubrimiento	*Entdeckung*	El 12 de octubre, día del descubrimiento de América, es fiesta nacional en España.
precolombino/-a	*präkolumbisch, präkolumbianisch*	Las culturas precolombinas son fascinantes.
conquistar	*erobern*	A principios del siglo XVI, Hernán Cortés conquistó el Imperio azteca.
el conquistador/ la conquistadora	*Eroberer/Eroberin*	Hernán Cortés fue un conquistador español.
la Reconquista	*Eroberung der arabisch besetzten Gebiete durch die Spanier*	La Reconquista terminó en 1492 con la toma de Granada.
la expulsión	*Vertreibung*	Una de las consecuencias de la Reconquista fue la expulsión de los judíos.
el franquismo	*Franquismus (Regierungszeit unter dem span. Diktator Franco)*	El franquismo duró hasta la muerte de Francisco Franco en 1975.

2 La política – *Politik*

vocabulario	dt. Bedeutung	frase en español
la política	*Politik*	Mercedes y Pilar se interesan mucho por la política.
el político/ la política	*Politiker/Politikerin*	Este político lucha contra la corrupción.
la democracia	*Demokratie*	En una democracia el pueblo tiene el poder.
el derecho	*Recht*	Tengo el derecho de decir lo que pienso.
el Estado	*Staat*	Esta mañana se han reunido los jefes de Estado de los países más ricos.
la comunidad autónoma	*autonome Region (in etwa: Bundesland)*	España tiene diecisiete comunidades autónomas, p. ej. Andalucía o Cataluña.
gobernar	*regieren*	Actualmente gobiernan los socialistas en España.
el gobierno	*Regierung*	La oposición piensa que hay una crisis de gobierno.
el presidente/ la presidenta	*Präsident/Präsidentin*	El actual presidente de España se llama José Luis Rodríguez Zapatero.
la constitución	*Verfassung*	La Constitución española es de 1978.
la república	*Republik*	La Segunda República en España duró de 1931 a 1939.
las elecciones	*Wahlen*	Pienso que es importante participar en las elecciones.
elegir[12] (e>i)	*wählen*	La semana que viene los españoles van a elegir a su presidente.
votar	*wählen*	El año que viene voy a votar por primera vez.
el voto	*Stimme, Wahl*	Aún no sé a qué partido voy a dar mi voto.

vocabulario	dt. Bedeutung	frase en español
el diputado/ la diputada	*Abgeordneter/ Abgeordnete*	Los diputados son elegidos por el pueblo.
el/la represen-tante	*Vertreter/-in*	Los diputados son los representantes del pueblo.
el partido	*Partei*	¿Ya sabes a qué partido vas a votar?
el poder	*Macht*	Desde 2010 los conservadores están en el poder en Chile.
el rey/la reina	*König/Königin*	El rey de España se llama Juan Carlos y la reina se llama Sofía.
el reino	*(König-)Reich*	España es un reino.
la dictadura	*Diktatur*	En los años setenta y ochenta, en muchos países latinoamericanos había dictaduras militares, p. ej. en Argentina y Chile.
la libertad	*Freiheit*	Para mí, la libertad es muy importante.
libre	*frei*	En una dictadura, el pueblo no es libre.
la sociedad	*Gesellschaft*	La integración de los inmigrantes a la sociedad es una tarea muy importante.
el/la emigrante	*Auswanderer/ Auswanderin*	A finales del siglo XIX y durante las Guerras Mundiales muchos emigrantes europeos fueron a Latinoamérica.
la paz	*Frieden*	En 1992 Rigoberta Menchú recibió el Premio Nobel de la Paz.
la guerra	*Krieg*	¿Por qué hay tantas guerras en el mundo?
declarar	*erklären, ausrufen*	El presidente declara la guerra a la corrupción.
la lucha	*Kampf*	La lucha contra la pobreza en el mundo tiene que continuar.

vocabulario	dt. Bedeutung	frase en español
luchar	*kämpfen*	Mi abuelo luchó por la libertad.
la manifestación	*Demonstration*	La oposición llama a una manifestación contra el Gobierno.
organizar	*organisieren*	Los estudiantes organizan una manifestación.
la organización	*Organisation*	Hay muchas organizaciones de ayuda que luchan contra el hambre.
la ONG (Organización no Gubernamental)	*regierungsunabhängige Hilfsorganisation, NGO (Non-Governmental Organisation)*	Cristina trabaja en una ONG peruana que da ropa y comida a los niños de la calle.
la influencia (en/sobre)	*Einfluss (auf)*	La televisión tiene influencia en la opinión pública.
comprometerse	*sich verpflichten*	El Gobierno se compromete a reducir el déficit del Estado.

3 La economía – *Wirtschaft*

vocabulario	dt. Bedeutung	frase en español
la economía	*Wirtschaft*	El turismo es importante para la economía española.
económico/-a	*wirtschaftlich, preiswert*	Esta empresa está en dificultades económicas.
la empresa	*Firma, Unternehmen*	La empresa de mi padre fabrica bicicletas.
el producto	*Produkt*	Este producto es de mala calidad.
la calidad	*Qualität*	Vendemos productos de alta calidad.
fomentar	*fördern, unterstützen*	El político quiere fomentar más las pequeñas empresas.
ahorrar	*sparen*	Gasto demasiado dinero, tengo que ahorrar más.

vocabulario	dt. Bedeutung	frase en español
exportar importar	*exportieren* *importieren*	Alemania exporta p. ej. automóviles y máquinas e importa petróleo.
la bancarrota	*Bankrott*	Una empresa está en bancarrota cuando no tiene más dinero.
la crisis	*Krise*	La crisis económica empezó cuando el banco Lehman Brothers se declaró en bancarrota.
la deuda	*Schuld*	Mucha gente tiene deudas porque gasta dinero que no tiene.
la consecuencia	*Folge*	Como consecuencia de los problemas económicos hay más pobres.

4 Las ciencias – *Wissenschaften*

vocabulario	dt. Bedeutung	frase en español
la ciencia	*Wissenschaft*	¿Te interesas por la ciencia económica?
la biología	*Biologie*	Quiero estudiar biología.
la física	*Physik*	La física me parece fascinante.
la química	*Chemie*	En química hacemos experimentos interesantes.
las matemáticas	*Mathematik*	Mi madre es profesora de matemáticas.
la informática	*Informatik*	La informática no es mi asignatura favorita.
la geografía	*Geografie*	No soy muy bueno en geografía.
inventar	*erfinden*	¿Quién inventó la televisión?
el experto/ la experta	*Experte/Expertin*	La señora Morales Martín es una experta en medicina nuclear.
el progreso	*Fortschritt*	El progreso tecnológico cambia nuestra vida.

5 La religión – *Religion*

vocabulario	dt. Bedeutung	frase en español
la religión	*Religion*	En algunos países no hay libertad de religión.
Dios (m.)	*Gott*	¿Crees en Dios?
la iglesia	*Kirche*	La iglesia está en el centro del pueblo.
cristiano/-a	*christlich*	El Nuevo Testamento es la obra más importante de la religión cristiana.
judío/-a	*jüdisch*	El flamenco es una música típica de Andalucía con orígenes gitanos, judíos y árabes.
musulmán/ musulmana	*moslemisch, muslimisch*	Toledo es conocida como la «Ciudad de las tres culturas» porque allí convivieron juntas las culturas cristiana, judía y musulmana.
la mezquita	*Moschee*	La Mezquita de Córdoba es muy impresionante.

6 Los problemas sociales – *Soziale Probleme*

vocabulario	dt. Bedeutung	frase en español
social	*sozial, gesellschaftlich*	Los políticos tienen que ocuparse más de los problemas sociales.
la dificultad	*Schwierigkeit*	¿Me puedes ayudar? Estoy en dificultades.
el problema	*Problem*	La pobreza es un gran problema social.
el paro	*Arbeitslosigkeit*	Mi hermana está en paro.
conseguir[38] (e>i)	*gelingen, erreichen, erlangen*	Hemos conseguido solucionar el problema.

vocabulario	dt. Bedeutung	frase en español
el/la inmigrante	*Einwanderer/ Einwanderin*	Muchos inmigrantes ilegales viven en condiciones muy malas.
explotar	*ausbeuten*	Como los inmigrantes ilegales no tienen papeles, es fácil explotarlos.
el gitano/ la gitana	*Zigeuner/Zigeunerin, Roma*	Los gitanos siguen luchando contra su discriminación.
la violencia	*Gewalt*	La policía lucha contra la violencia en las calles de Ciudad de México.
el robo	*Diebstahl, Raub*	Ten cuidado con tu mochila, aquí en el mercado hay muchos robos.
la policía	*Polizei*	La policía busca a los responsables del atentado.
seguro/-a	*sicher*	Este barrio no es seguro por la noche.
peligroso/-a	*gefährlich*	Ir solo por esta calle puede ser muy peligroso.
la solidaridad	*Solidarität*	Entre los vecinos hay una gran solidaridad.
ETA	*Euskadi Ta Askatasuna (baskische Terror-organisation)*	ETA es una organización terrorista vasca que quiere que el País Vasco sea independiente de España.
la organización terrorista	*Terrororganisation*	Desde el 2001 se habla mucho de las organizaciones terroristas como Al Quaida.
la bomba	*Bombe*	El 11 de marzo de 2004 explotaron varias bombas en trenes de Madrid.
el atentado	*Attentat*	El atentado islamista de 2004 es el atentado más grave en la historia española.

El tiempo – *Die Zeit*

1 La hora – *Die Uhrzeit*

vocabulario	dt. Bedeutung	frase en español
la hora	*Stunde, Uhrzeit*	¿Qué hora es? – Son las dos menos cuarto.
el minuto	*Minute*	Un cuarto de hora son quince minutos. Media hora son treinta minutos.
el segundo	*Sekunde*	Un correo electrónico llega en pocos segundos.
pasar	*verbringen, vergehen, passieren*	El tiempo que paso con mis amigos siempre pasa muy rápido.
empezar[27] (e>ie)	*anfangen, beginnen*	¿A qué hora empieza la película? – A las diez y veinte.
durar	*dauern*	La película dura una hora y cincuenta minutos.
terminar	*beenden, zu Ende gehen*	Las clases terminan a las cinco.
puntual	*pünktlich*	El tren para Bilbao casi nunca llega puntualmente.

2 El día – *Der Tag*

vocabulario	dt. Bedeutung	frase en español
el día	*Tag*	Hoy es un día maravilloso.
la noche	*Nacht*	¡Buenas noches!
hoy	*heute*	¿Qué día es hoy?
(el) mañana	*morgen, Morgen*	Mañana vamos a salir de vacaciones.

vocabulario	dt. Bedeutung	frase en español
el mediodía	*Mittag*	A mediodía como en la cantina.
la tarde	*Nachmittag*	Vamos a llegar a Quito a las cinco de la tarde.
la medianoche	*Mitternacht*	Volvimos a casa a medianoche.
por la mañana/ tarde/noche	*morgens/nachmittags/ abends*	Por la mañana tomo un café con leche.
ayer	*gestern*	Ayer Federico me preguntó si quería casarme con él.
cotidiano/-a	*alltäglich, täglich*	¿Cómo era la vida cotidiana de los aztecas?
el lunes	*(am) Montag*	El lunes empieza la semana.
los lunes	*montags*	Los lunes la entrada al cine es más barata.
el martes	*(am) Dienstag*	Cada martes tengo clase de piano.
el miércoles	*(am) Mittwoch*	Los miércoles hay un mercado en la Plaza de la Catedral.
el jueves	*(am) Donnerstag*	Los jueves tenemos clase hasta las cinco.
el viernes	*(am) Freitag*	Los viernes comemos pescado.
el sábado	*(am) Samstag*	Cada sábado salgo con mis amigos.
el domingo	*(am) Sonntag*	El domingo van a venir mis abuelos.

3 Las semanas, los meses y los años – *Wochen, Monate, Jahre*

vocabulario	dt. Bedeutung	frase en español
la semana	*Woche*	Ya llevo tres semanas en Argentina.
el fin de semana	*Wochenende*	¿Tienes planes para el fin de semana?
el año	*Jahr*	¿Cuántos años tiene tu hijo?

vocabulario	dt. Bedeutung	frase en español
el siglo	*Jahrhundert*	A finales del siglo XV se termina la Reconquista.
la temporada	*Saison, Jahreszeit*	En la temporada alta todo es más caro, sobre todo los hoteles.
la estación	*Jahreszeit*	Hay cuatro estaciones: primavera, verano, otoño e invierno.
la primavera	*Frühling*	En primavera las temperaturas son más agradables.
el verano	*Sommer*	En verano hace mucho calor.
el otoño	*Herbst*	El otoño sigue al verano.
el invierno	*Winter*	A mí me gusta el invierno porque me encanta la nieve.
el mes	*Monat*	El mes que viene vamos a hacer una excursión a Granada.
enero (m.)	*Januar*	Enero es el primer mes del año.
febrero (m.)	*Februar*	Este año, febrero tiene veintinueve días.
marzo (m.)	*März*	Mi cumpleaños es el trece de marzo.
abril (m.)	*April*	En abril ya puede hacer calor.
mayo (m.)	*Mai*	Mayo es mi mes favorito.
junio (m.)	*Juni*	El verano empieza el veintiuno de junio.
julio (m.)	*Juli*	En julio vamos a pasar dos semanas en la costa.
agosto (m.)	*August*	En agosto mucha gente se va de vacaciones.
septiembre (m.)	*September*	A principios de septiembre terminan las vacaciones de verano.
octubre (m.)	*Oktober*	En octubre empieza el otoño.
noviembre (m.)	*November*	En noviembre hay menos turistas.

vocabulario	dt. Bedeutung	frase en español
diciembre (m.)	*Dezember*	El veinticinco de diciembre celebramos la Navidad.
la fecha	*Datum*	Pon aquí tu nombre y tu fecha de nacimiento.
hoy en día	*heutzutage*	Hoy en día, viajar es mucho más fácil que hace cien años.
el presente	*Gegenwart*	En la tele hay una discusión sobre los problemas sociales del presente.
el pasado	*Vergangenheit*	En vez de pensar siempre en el pasado, disfruta del presente.
el futuro	*Zukunft*	Sus perspectivas para el futuro son bastante buenas.

4 Las fiestas – *Feste und Feiertage*

vocabulario	dt. Bedeutung	frase en español
la fiesta	*Fest, Party, Feiertag*	El sábado hay una fiesta en mi casa. Este día es también fiesta nacional.
celebrar	*feiern*	Voy a celebrar con todos mis amigos.
invitar	*einladen*	¿A quién quieres invitar?
la boda	*Hochzeit*	En la boda de su hija, la madre lloró de emoción.
el cumpleaños	*Geburtstag*	¡Feliz cumpleaños!
tener[40]… años (e>ie)	*… Jahre alt sein*	¿Cuántos años tienes?
cumplir… años	*… Jahre alt werden*	Hoy Ana cumple los 18 años.
regalar	*schenken*	¿Qué vamos a regalar a Patricia?
el regalo	*Geschenk*	Los abuelos le llevan un gran regalo a su nieto.

vocabulario	dt. Bedeutung	frase en español
la Navidad	*Weihnachten*	La Navidad es una de las fiestas cristianas más importantes.
los Reyes Magos	*Dreikönigsfest, die Heiligen Drei Könige*	En España, los Reyes Magos traen regalos a los niños.
Pascuas (f. pl.)	*Ostern*	¡Felices Pascuas!
Pentecostés (m.)	*Pfingsten*	Pentecostés es una fiesta cristiana.

5 Otras nociones de tiempo – *Weitere Zeitbegriffe*

vocabulario	dt. Bedeutung	frase en español
ahora	*jetzt*	Ahora o nunca: decídete.
temprano	*früh*	No me gusta levantarme temprano.
tarde	*spät*	¡Llegas tarde!
el retraso	*Verspätung*	El tren llega con una hora de retraso.
pronto	*bald*	¡Hasta pronto!
siempre	*immer*	¡Siempre soy yo la responsable!
antes	*früher, vorher*	Antes no todo era mejor.
mientras	*während (bez. auf ein Verb)*	Mientras yo hago la compra, tú limpias la casa.
durante	*während (bez. auf ein Nomen)*	Durante los meses de verano ayudo en la tienda de mis padres.
entonces	*dann, also, damals*	Entonces eras muy pequeño.
a veces	*manchmal*	A veces la vida es injusta.
muchas veces	*oft, häufig*	En invierno muchas veces llueve.
próximo/-a	*nächste/-r/-s*	La próxima vez pago yo.
al principio	*am Anfang*	Al principio Pepe no me gustó, pero ahora me parece muy simpático.

vocabulario	dt. Bedeutung	frase en español
el final	*Ende*	La película tiene un final feliz.
a finales de	*(am) Ende (von)*	Voy a obtener el resultado a finales de agosto.
a partir de	*ab*	A partir del mes que viene voy a trabajar en otra empresa.
desde	*seit (Zeitpunkt)*	Trabajamos desde las siete de la mañana.
desde hace	*seit (Zeitspanne)*	Estudio español desde hace dos años.
antes de	*vor (Zeitpunkt)*	Te voy a llamar antes de las tres.
hace	*vor (Zeitspanne)*	¿Cuándo llegaste? – Llegué hace tres días.
después	*danach, dann*	Primero hago los deberes y después voy a la piscina.
después de	*nach*	Después de la comida duermo la siesta.
hasta	*bis (auch örtlich)*	¡Hasta mañana!
ya	*schon*	¿Ya has arreglado tu habitación?
otra vez	*noch einmal*	Tengo que ir otra vez al médico.
de repente	*plötzlich*	De repente llamaron a la puerta.
enseguida	*gleich, sofort*	Hola, ¿está José? – Sí, un momento, por favor, enseguida se pone.
actual	*aktuell*	Es un tema muy actual.
actualmente	*derzeit, zurzeit*	Actualmente no hago mucho deporte.
acabar de hacer	*gerade getan haben*	No tengo hambre, acabo de comer.
ir[18] a hacer	*gleich tun werden*	Espera un momento, voy a ayudarte.
soler[22] hacer (o>ue)	*für gewöhnlich tun*	Después de comer suelen tomar un café.

Los números y las medidas – *Zahlen und Maße*

1 Los números – *Zahlen*

vocabulario	dt. Bedeutung	frase en español
el número	*Zahl, Nummer*	¿Tienes mi número de teléfono?
cero	*null*	Hace cuatro grados bajo cero.
uno/una	*eins*	Siempre quiere ser el número uno.
dos	*zwei*	Tengo dos hermanos.
tres	*drei*	Tenemos tres horas de inglés a la semana.
cuatro	*vier*	Las cuatro estaciones del año son la primavera, el verano, el otoño y el invierno.
cinco	*fünf*	Tenemos cinco sentidos.
seis	*sechs*	En Alemania hay seis notas.
siete	*sieben*	Una semana tiene siete días.
ocho	*acht*	Vamos a pasar ocho días en Francia.
nueve	*neun*	El nueve es mi número de la suerte.
diez	*zehn*	Siete más tres es igual a diez.
once	*elf*	En un equipo de fútbol hay once personas.
doce	*zwölf*	Un año tiene doce meses.
trece	*dreizehn*	Hay gente que cree que el trece trae mala suerte.
catorce	*vierzehn*	Vivimos en Buenos Aires desde hace catorce años.
quince	*fünfzehn*	Voy a volver en quince días.
dieciséis	*sechzehn*	Carolina tiene dieciséis años.

vocabulario	dt. Bedeutung	frase en español
diecisiete	*siebzehn*	El libro tiene diecisiete capítulos.
veinte	*zwanzig*	La falda cuesta veinte euros.
veintiuno/-una	*einundzwanzig*	El veintiuno de junio empieza el verano.
treinta	*dreißig*	En nuestro curso de español somos treinta alumnos.
treinta y uno/una	*einunddreißig*	Agosto tiene treinta y un días.
cuarenta	*vierzig*	Mi madre tiene cuarenta años.
cincuenta	*fünfzig*	Cincuenta es la mitad de cien.
sesenta	*sechzig*	Desde aquí hasta Barcelona son sesenta kilómetros.
setenta	*siebzig*	Los años setenta era la época de los hippies.
ochenta	*achtzig*	Nací en mil novecientos ochenta.
noventa	*neunzig*	Un partido de fútbol dura noventa minutos.
cien	*hundert*	Cien euros es mucho dinero.
ciento uno/una	*hunderteins*	Abrid el libro en la página ciento uno.
doscientos/-as	*zweihundert*	El cliente paga con un billete de doscientos euros.
quinientos/-as	*fünfhundert*	Sólo quinientas personas participaron en la manifestación.
setecientos/-as	*siebenhundert*	La isla tiene setecientos habitantes.
novecientos/-as	*neunhundert*	Mi abuelo nació en mil novecientos cuarenta y ocho.
mil	*tausend*	¿Has leído el libro «Las mil y una noches»?
un millón	*Million*	Según Unicef hay unos 40 millones de niños de la calle en Latinoamérica.

vocabulario	dt. Bedeutung	frase en español
primero/-a	*erste/-r/-s*	Viajo por primera vez en avión.
segundo/-a	*zweite/-r/-s*	Vas todo recto y giras en la segunda calle a la izquierda.
tercero/-a	*dritte/-r/-s*	Ya es la tercera vez que llegas tarde.

2 Las medidas y las cantidades – *Maße und Mengenangaben*

vocabulario	dt. Bedeutung	frase en español
la cantidad	*Menge*	Esta ciudad tiene una gran cantidad de hoteles.
la medida	*Maß*	¿Cuáles son las medidas de este armario?
muy	*sehr*	¿Cómo estás? – Muy bien, gracias.
mucho/-a	*viel*	¡Mucha suerte!
varios/-as	*mehrere, verschiedene*	Tenemos varias posibilidades.
suficiente	*genug*	Ya no tenemos suficiente pan.
bastante	*ziemlich*	Estoy bastante cansado hoy.
demasiado/-a	*zuviel/-e*	¡Nos pone demasiados deberes!
demasiado (adv.)	*zu viel*	¡Trabajas demasiado!
un montón (de)	*ein Haufen (von), jede Menge (an)*	Hay un montón de trabajo por hacer.
lleno/-a	*voll*	Esta tienda siempre está llena.
más	*mehr*	¿Quieres más café?
menos	*weniger*	Tengo menos horas de clase que tú.
poco/-a	*wenig*	Hoy hay poca gente en las calles.
la mitad	*Hälfte*	¿Quieres la mitad de mi tortilla?
medio/-a	*halb*	La reunión sólo duró media hora.
el kilo	*Kilo*	Un kilo de patatas, por favor.

vocabulario	dt. Bedeutung	frase en español
la mayoría	*Mehrheit*	La mayoría de la gente aquí está contenta con su vida.
la parte	*Teil*	Gran parte de los argentinos son de origen italiano o español.
todo	*alles*	Todo esto es nuevo para mí.
todo el/toda la + sustantivo	*ganze/-r/-s*	Llovió todo el día.
todos/todas (los/las + sust.)	*alle*	Me gustan todas las películas de Almodóvar.
todo el mundo	*jedermann, alle*	Todo el mundo lo sabe.
el resto	*Rest*	¿Dónde está el resto del dinero?
único/-a	*einzige/-r/-s*	Ha perdido a su único hijo.
casi	*fast*	La iglesia tiene casi quinientos años.
grande	*groß*	Tu piso es muy grande.
mayor	*größer, älter*	Carla es mi hermana mayor.
pequeño/-a	*klein*	Mi habitación es muy pequeña.
menor	*kleiner/geringer, jünger*	No tengo la menor idea.
largo/-a	*lang*	La mesa tiene dos metros de largo.
la altura	*Höhe*	El Aconcagua tiene una altura de 6.962 metros.
tan	*so*	Esta falda no es tan bonita como esa.
tanto/-a	*so viel*	En Girona no hay tantos turistas como en Barcelona.
último/-a	*letzte/-r/-s*	El último autobús sale a las once.
aumentar	*zunehmen, steigen*	En primavera las temperaturas aumentan.
el por ciento	*Prozent*	Más del cincuenta por ciento de la población no está contenta con el Gobierno.

Los colores y las formas – *Farben und Formen*

1 Los colores – *Farben*

vocabulario	dt. Bedeutung	frase en español
el color	*Farbe*	¿De qué color quieres el vestido?
rojo/-a	*rot*	El vino tinto es rojo.
azul	*blau*	¡Mira el cielo azul!
verde	*grün*	Los árboles vuelven a ser verdes.
amarillo/-a	*gelb*	El amarillo es mi color favorito.
blanco/-a	*weiß*	La nieve es blanca.
negro/-a	*schwarz*	Ernesto tiene el pelo negro.
rosa	*rosa*	La niña lleva un jersey de color rosa.
marrón	*braun*	Me gusta esta chaqueta marrón.
gris	*grau*	Hoy es un día gris.
la mezcla	*Mischung*	El naranja es una mezcla de rojo y amarillo.

2 Las formas – *Formen*

vocabulario	dt. Bedeutung	frase en español
la forma	*Form*	Mira, ¡galletas en forma de corazón!
el círculo	*Kreis*	Los niños se sientan en un círculo.
el triángulo	*Dreieck*	Dibuja un triángulo.
el rectángulo	*Rechteck*	¿Cuál es la diferencia entre un rectángulo y un cuadrado?
el cuadrado	*Quadrat*	El cuadrado tiene los cuatro lados iguales.
la línea	*Linie, Zeile*	Une los dos puntos con una línea.

Los términos estructurales – *Strukturwörter*

1 La pregunta – *Die Frage*

vocabulario	dt. Bedeutung	frase en español
¿Dónde?	*Wo?*	¿Dónde está Santiago de Compostela? – Está en el norte de España, en Galicia.
¿Adónde?	*Wohin?*	¿Adónde vas? – Voy a comprar pan.
¿De dónde?	*Woher?*	¿De dónde eres? – Soy de Barcelona.
¿Cuál/-es?	*Welche/-r/-s?*	¿Cuál de los libros de Vázquez Montalbán te gusta más?
¿Cómo?	*Wie?*	¿Cómo se llama la residencia de la familia real española? – Es el Palacio de la Zarzuela.
¿Cuándo?	*Wann?*	¿Cuándo fue construido el Palacio de la Zarzuela? – En el siglo XVII.
¿Cuánto/-a?	*Wie viel/-e?*	¿Cuántos huevos necesito para hacer una tortilla?
¿Para qué?	*Wozu?*	¿Para qué necesitas el coche?
¿Por qué?	*Warum?*	¿Por qué no pasas por mi casa? – Porque no tengo tiempo.
¿Qué?	*Was?*	¿Qué es eso?
¿Quién/-es?	*Wer?*	¿Quién quiere un refresco?
¿A quién?	*Wen?, Wem?*	¿A quién quieres invitar?

2 La negación – *Die Verneinung*

vocabulario	dt. Bedeutung	frase en español
no	*nein,* *nicht,* *kein*	¿Tienes coche? – No, no tengo coche, no me gusta ir en coche.
aún no	*noch nicht*	¿Ya has puesto la mesa? – Aún no, voy a hacerlo enseguida.
todavía no	*noch nicht*	En vez de «aún no» también se puede decir «todavía no».
tampoco	*auch nicht*	No me gusta tener clase por la tarde. – A mí tampoco.
ya no	*nicht mehr*	¿Ya no fumas?
(no...) nada	*nichts*	¿No tienes nada que hacer?
(no...) nadie	*niemand*	¡Nadie me quiere!
(no...) ninguno/-a	*kein,* *keine/-r/-s*	No tengo ninguna canción de Shakira.
(no...) nunca	*nie*	No haces nunca los deberes.
no... ni	*weder noch*	No quiero café ni té.
¡Qué va!	*Ach wo!,* *Ganz und gar nicht!*	¿Estás cansado? – ¡Qué va!
¡Ni idea!	*Keine Ahnung!*	¿Sabes cuándo va a volver Teresa? – ¡Ni idea!
sin	*ohne*	¿Tomas el café con o sin azúcar?
sino	*sondern*	No quiero la falda azul sino la roja.

3 Los determinantes y los pronombres – *Begleiter und Pronomen*

vocabulario	dt. Bedeutung	frase en español
algo	*etwas*	¿Quieres comer algo?
alguno/-a	*irgendein/-e*	¿Tienes algún libro de Quim Monzó?
algunos/-as	*einige*	Algunos de ellos no pueden venir.
alguien	*jemand*	¿Alguien me ha llamado?
esto	*dies (hier)*	¿Qué es esto?
este/esta	*diese/-r/-s (hier)*	¿Qué te parece esta falda?
eso	*das (dort)*	Eso es lo que importa.
ese/esa	*diese/-r/-s (dort)*	¿Quieres de estos tomates o de esos?
aquel/aquella	*jene/-r/-s*	¿Ves a aquella chica allí.
mi/mis	*mein/-e*	¿Dónde están mis zapatos?
tu/tus	*dein/-e*	¿Qué tal tu hermana?
su/sus	*sein/-e, ihr/-e, Ihr/-e*	Su madre está en el hospital.
nuestro/-a	*unser/-e*	Nuestros hijos ya no viven en casa.
vuestro/-a	*euer/eure*	Esta tarde van a venir vuestros abuelos.
que	*der, die, das, dass*	¿Ves a aquel chico que está allí?
lo que	*(das) was*	Lo que no entiendo es que no ha llamado.
otro/-a	*andere/-r/-s, noch ein/-e/-r/-s*	¿Quieres otro café?
cada	*jede/-r/-s*	Cada fin de semana quedo con los amigos.

4 Las preposiciones, los adverbios y las conjunciones – *Präpositionen, Adverbien und Konjunktionen*

vocabulario	dt. Bedeutung	frase en español
con	*mit*	¿Con quién estás hablando?
contra	*gegen*	Hay que hacer más contra la corrupción.
para	*für,* *um zu (+ Infinitiv)*	Estas flores son para ti. Te las regalo para darte las gracias.
por	*wegen,* *durch*	Estoy un poco deprimido por el mal tiempo.
a diferencia de	*im Unterschied zu*	A diferencia de Julia, Karin sabe hablar español.
en vez de	*statt,* *anstelle von*	¿Por qué no nos ayudas, en vez de agobiarnos con tus comentarios?
así	*so*	Si continúas así, no vas a salir esta noche.
sólo	*nur*	De este modelo me queda sólo uno.
solamente	*nur*	Me gusta el té solamente con mucho azúcar.
a lo mejor	*vielleicht*	Voy a llamar a Rosa, a lo mejor tiene ganas de ir al cine.
quizá(-s)	*vielleicht*	Quizás llegue un poco más tarde, tengo mucho trabajo.
incluso	*sogar*	Todos se ríen, incluso la profesora.
sobre todo	*vor allem*	Me encanta el gazpacho, sobre todo cuando hace mucho calor.
simplemente	*einfach*	No es que no tenga ganas de dar un paseo, simplemente no tengo tiempo.
además	*außerdem*	No vas a salir ahora. Está lloviendo y además vamos a comer en diez minutos.

vocabulario	dt. Bedeutung	frase en español
y (vor y, i, hi, hy: e)	*und*	Pide una ensalada y un agua mineral.
también	*auch*	Javi trabaja también los sábados.
o sea	*das heißt*	Soy zamorano, o sea, de Zamora.
o (vor o, ho: u)	*oder*	¿Qué quieres, agua mineral o zumo de naranja?
cuando	*wenn,* *als*	Cuando vuelvo de la escuela, tengo mucha hambre.
si	*falls,* *wenn*	Si mañana hace buen tiempo, vamos a hacer una excursión a Pamplona.
si	*ob*	Rosa le pregunta a su madre si puede pasar el fin de semana en casa de una amiga.
como	*da,* *weil,* *wie*	Como está lloviendo, hoy no vamos a la playa.
porque	*weil,* *da*	Hoy no vamos a la playa porque está lloviendo.
es que	*nämlich,* *da,* *weil*	No puedo ir a tu fiesta, es que no me siento bien.
por eso	*deshalb*	Ha sacado un suspenso en inglés, por eso está deprimido.
para que (+ subjuntivo)	*damit*	Te doy mi número de móvil para que me puedas llamar a todas horas.
así que	*sodass*	Hace mal tiempo así que nos quedamos en casa.
pero	*aber*	Estos pantalones son muy bonitos, pero demasiado caros.
sin embargo	*trotzdem,* *jedoch*	Me gusta el café, sin embargo, prefiero el té.
aunque	*obwohl*	Carlos va a la escuela aunque está enfermo.

Alphabetischer Grundwortschatz

a	*nach, zu*
a diferencia de	*im Unterschied zu*
¿Adónde?	*Wohin?*
a finales de	*(am) Ende (von)*
a la derecha (de)	*rechts (von)*
a la izquierda (de)	*links (von)*
a lo mejor	*vielleicht*
a partir de	*ab*
¿A quién?	*Wen?, Wem?*
a veces	*manchmal*
a ver	*mal sehen*
abrazo [m.]	*Umarmung, liebe Grüße (am Briefende)*
abrigo [m.]	*Mantel*
abril [m.]	*April*
abrir	*öffnen*
abuelo/abuela [m./f.]	*Großvater/Großmutter*
abuelos [m. pl.]	*Großeltern*
aburrido/-a	*langweilig*
aburrirse	*sich langweilen*
acabar de hacer	*gerade getan haben*
aceite [m.]	*Öl*
aceptar	*akzeptieren*
acercarse (a)	*sich nähern*
acompañar	*begleiten*
aconsejar	*raten*
acordarse (de)	*sich erinnern (an)*
actual	*aktuell*
actualmente	*derzeit, zurzeit*
¡Adelante!	*Herein!*
además	*außerdem*
¡Adiós!	*Auf Wiedersehen!*
admitir	*zugeben*
adolescente [m./f.]	*Jugendliche/-r*
adulto/-a	*erwachsen*
aeropuerto [m.]	*Flughafen*
afición [f.]	*Hobby*
aficionado/aficionada [m./f.]	*Fan, Anhänger/Anhängerin*
afirmar	*behaupten, sagen*
agosto [m.]	*August*
agradable	*angenehm*
agresivo/-a	*aggressiv*
agua mineral [f.]	*Mineralwasser*
aguacate [m.]	*Avocado*
ahí	*da, dort*
ahora	*jetzt*
ahorrar	*sparen*
aire [m.]	*Luft*

ajedrez [m.]	*Schach*
ajo [m.]	*Knoblauch*
al final de	*am Ende von*
al lado de	*neben*
al principio	*am Anfang*
albaricoque [m.]	*Aprikose*
albergue juvenil [m.]	*Jugendherberge*
alegrarse	*sich freuen*
alegre	*fröhlich*
alegría [f.]	*Freude*
alemán/alemana	*deutsch*
Alemania [f.]	*Deutschland*
alfombra [f.]	*Teppich*
algo	*etwas*
alguien	*jemand*
alguno/-a	*irgendein/-e*
algunos/-as	*einige*
aliviado/-a	*erleichtert*
allí	*dort*
almorzar	*zu Mittag essen*
alojamiento [m.]	*Unterkunft*
Alpes [m. pl.]	*Alpen*
alquilar	*mieten*
alquiler [m.]	*Miete*
altiplano [m.]	*Hochebene*
alto/-a	*groß (Körpergröße), laut*
altura [f.]	*Höhe*
alucinante	*toll, unglaublich*
alumno/alumna [m./f.]	*Schüler/Schülerin*
amable	*freundlich, liebenswürdig*
amarillo/-a	*gelb*
ambicioso/-a	*ehrgeizig*
ambiente [m.]	*Stimmung, Atmosphäre, Ambiente*
América Latina [f.]	*Lateinamerika*
americano/-a	*amerikanisch*
amigo/amiga [m./f.]	*Freund/Freundin*
amor [m.]	*Liebe*
añadir	*hinzufügen*
Andalucía [f.]	*Andalusien*
andaluz/-a	*andalusisch*
¡Anda!	*Na sowas!*
andar	*(zu Fuß) gehen, laufen*
andén [m.]	*Bahnsteig*
Andes [m. pl.]	*Anden*
animal [m.]	*Tier*
animarse	*den Kopf nicht hängen lassen*
año [m.]	*Jahr*
antes	*früher, vorher*
antes de	*vor (zeitlich)*
antiguo/-a	*alt*
antipático/-a	*unsympathisch*

anuncio [m.]	*Anzeige, Annonce*
aparecer	*erscheinen, auftauchen*
apellido [m.]	*Nachname*
aprender	*lernen*
aprendiz/aprendiza [m./f.]	*Azubi, Auszubildender/Auszubildende*
aprendizaje [m.]	*Lehre*
aprobado [m.]	*ausreichend (Schulnote), bestanden*
apuntar(se)	*(sich) notieren, aufschreiben*
apuntes [m. pl.]	*Notizen, Stichpunkte*
aquel/aquella	*jene/-r/-s*
aquí	*hier*
árabe	*arabisch*
árbol [m.]	*Baum*
armario [m.]	*Schrank*
arquitectura [f.]	*Architektur*
arreglar	*aufräumen*
arrogante	*arrogant*
arroz [m.]	*Reis*
arte [m.]	*Kunst*
artesano/artesana [m./f.]	*Handwerker/Handwerkerin*
artístico/-a	*künstlerisch*
asegurar	*versichern*
así	*so*
así que	*sodass*
asignatura [f.]	*Schulfach*
aspecto físico [m.]	*Aussehen*
aspiradora [f.]	*Staubsauger*
atasco [m.]	*Stau*
atentado [m.]	*Attentat*
atentamente	*mit freundlichen Grüßen*
aumentar	*zunehmen, steigen*
aún no	*noch nicht*
aunque	*obwohl*
austriaco/-a (= de Austria)	*österreichisch*
autobús [m.]	*Bus*
autopista [f.]	*Autobahn*
aventura [f.]	*Abenteuer*
avión [m.]	*Flugzeug*
ayer	*gestern*
ayuda [f.]	*Hilfe*
ayudar(se)	*(sich) helfen*
azúcar [m.]	*Zucker*
azul	*blau*
bailar	*tanzen*
baile [m.]	*Tanz*
bajar(se)	*aussteigen, (he-)runtergehen*
bajo/-a	*klein (Körpergröße), leise*
baloncesto [m.]	*Basketball*
balonmano [m.]	*Handball*

bancarrota [f.]	*Bankrott*
banco [m.]	*Bank*
banda [f.]	*(Musik-)Band*
baño [m.]	*Bad, Toilette*
bar [m.]	*Kneipe*
barato/-a	*billig*
barco [m.]	*Schiff*
barriga [f.]	*Bauch*
barrio [m.]	*Stadtviertel*
bastante	*ziemlich*
basura [f.]	*Müll*
beber	*trinken*
bebida [f.]	*Getränk*
belleza [f.]	*Schönheit*
bello/-a	*schön*
berenjena [f.]	*Aubergine*
besar	*küssen*
biblioteca [f.]	*Bibliothek*
bicicleta [f.]	*Fahrrad*
bien	*gut*
bilingüe	*zweisprachig*
billete [m.]	*Geldschein, Fahrkarte, Ticket*
biología [f.]	*Biologie*
blanco/-a	*weiß*
boca [f.]	*Mund*
bocadillo [m.]	*belegtes Brötchen*
boda [f.]	*Hochzeit*
bolígrafo [m.]	*Kugelschreiber*
bomba [f.]	*Bombe*
bonito/-a	*schön, hübsch*
borrar	*ausradieren, löschen, wegwischen*
bosque [m.]	*Wald*
botas [f. pl.]	*Stiefel*
botella [f.]	*Flasche*
botellón [m.]	*Treffen von Jugendlichen zum Trinken, meist auf Straßen oder öffentlichen Plätzen*
brazo [m.]	*Arm*
bronca [f.]	*Ärger, Streit*
bueno/-a	*gut*
¡Buenos días!	*Guten Morgen!, Guten Tag!*
buscar	*suchen*
caballo [m.]	*Pferd*
cabaña [f.]	*Hütte*
cabeza [f.]	*Kopf*
cada	*jede/-r/-s*
caer(se)	*herunterfallen, hinfallen*
café [m.]	*Kaffee*
cafetería [f.]	*Cafeteria*
cajero automático [m.]	*Geldautomat*
cajero/cajera [m./f.]	*Kassierer/Kassiererin*
calefacción [f.]	*Heizung*

calidad [f.]	*Qualität*
calle [f.]	*Straße*
calma [f.]	*Ruhe, Gelassenheit*
calmar	*beruhigen*
calor [m.]	*Hitze, Wärme*
cama [f.]	*Bett*
camarero/camarera [m./f.]	*Kellner/Kellnerin*
cambiar	*sich (ver-)ändern, wechseln*
cambio [m.]	*(Ver-)Änderung, Wandel*
cambio climático [m.]	*Klimawandel*
caminar	*(zu Fuß) gehen, wandern*
camino [m.]	*Weg*
camisa [f.]	*Hemd*
camiseta [f.]	*T-Shirt*
campesino/campesina [m./f.]	*Bauer/Bäuerin*
camping [m.]	*Campingplatz, Zeltplatz*
campo [m.]	*Land (im Gegensatz zur Stadt), Feld*
canción [f.]	*Lied*
cansado/-a	*müde*
cantar	*singen*
cantidad [f.]	*Menge*
capital [f.]	*Hauptstadt*
cara [f.]	*Gesicht*
carácter [m.]	*Charakter, Merkmal*
cariñoso/-a	*liebevoll, zärtlich*
carne [f.]	*Fleisch*
caro/-a	*teuer*
carrera [f.]	*Studium, Laufbahn, Karriere*
carretera [f.]	*Landstraße*
carta [f.]	*Brief*
cartelera [f.]	*Stadtmagazin, Veranstaltungsprogramm*
cartera [f.]	*Schultasche, Brieftasche*
casa [f.]	*Haus*
casado/-a	*verheiratet*
casarse	*heiraten*
casi	*fast*
castellano/-a	*spanisch*
catalán/catalana	*katalanisch*
Cataluña [f.]	*Katalonien*
catorce	*vierzehn*
cebolla [f.]	*Zwiebel*
celebrar	*feiern*
cenar	*zu Abend essen*
centro [m.]	*Zentrum, Stadtmitte*
centro comercial [m.]	*Einkaufszentrum*

cerca de	*nahe bei, in der Nähe von*
cero	*null*
cerrar	*schließen*
cerveza [f.]	*Bier*
chaqueta [f.]	*Jacke*
charcutería [f.]	*Metzgerei, Wurstwaren*
charlar	*plaudern*
chicle [m.]	*Kaugummi*
chico/chica [m./f.]	*Junge/Mädchen*
chocolate [m.]	*Schokolade*
chorizo [m.]	*Paprikawurst*
cien	*hundert*
ciencia [f.]	*Wissenschaft*
ciento uno/una	*hunderteins*
cierto/-a	*richtig, wahr, sicher*
cigarrillo [m.]	*Zigarette*
cinco	*fünf*
cincuenta	*fünfzig*
cine [m.]	*Kino*
circulación [f.]	*Verkehr, Zirkulation*
círculo [m.]	*Kreis*
cita [f.]	*Termin, Verabredung*
ciudad [f.]	*Stadt*
claro/-a	*klar, sicher*
clase [f.]	*Unterricht, Klasse*
cliente/clienta [m./f.]	*Kunde/Kundin*
clima [m.]	*Klima*
coche [m.]	*Auto*
cocina [f.]	*Küche*
cocinar	*kochen*
coger	*nehmen*
colegio [m.]	*Schule*
colombiano/-a (= de Colombia)	*kolumbianisch*
color [m.]	*Farbe*
comedia [f.]	*Komödie*
comedor [m.]	*Esszimmer*
comentar	*kommentieren*
comer	*essen*
comestible [m.]	*Lebensmittel*
comida [f.]	*Essen, Mahlzeit*
como	*da, weil, wie*
¿Cómo?	*Wie?*
compañero/compañera de clase [m./f.]	*Mitschüler/Mitschülerin*
compatriota [m./f.]	*Landsmann/-männin*
comprar	*(ein-)kaufen*
comprender	*verstehen*
comprometerse	*sich verpflichten*
común	*gemeinsam*
comunicación [f.]	*Kommunikation*
comunidad autónoma [f.]	*autonome Region (in etwa: Bundesland)*

con	*mit*
concierto [m.]	*Konzert*
concurso [m.]	*Wettbewerb*
conejo [m.]	*Kaninchen*
confirmar	*bestätigen*
conocer	*kennen, kennenlernen*
conquistador/conquistadora [m./f.]	*Eroberer/Eroberin*
conquistar	*erobern*
consecuencia [f.]	*Folge*
conseguir	*gelingen, erreichen, erlangen*
consejo [m.]	*Rat(-schlag)*
constitución [f.]	*Verfassung*
construir	*bauen*
contaminación [f.]	*Verschmutzung*
contar	*erzählen, (ab-)zählen*
contento/-a	*zufrieden, froh*
contestar	*(be-)antworten*
continente [m.]	*Kontinent*
continuar	*weitermachen*
contra	*gegen*
convertirse (en)	*werden (zu), sich umwandeln (in)*
convivir	*zusammenleben*
coquetear	*flirten*
corazón [m.]	*Herz*

cordial	*herzlich*
correo electrónico [m.]	*E-Mail*
Correos	*Post*
correr	*laufen, rennen*
cortesía [f.]	*Höflichkeit*
cosa [f.]	*Sache, Ding*
costar	*kosten*
cotidiano/-a	*alltäglich, täglich*
crecer	*(auf-)wachsen*
creer	*glauben*
crisis [f.]	*Krise*
cristiano/-a	*christlich*
crítica [f.]	*Kritik*
cruel	*grausam*
cruzar	*überqueren*
cuaderno [m.]	*Heft*
cuadrado [m.]	*Quadrat*
cuadro [m.]	*Bild*
¿Cuál/-es?	*Welche/-r/-s?*
cualidad [f.]	*(positive) Eigenschaft, Qualität*
cuando	*wenn, als*
¿Cuándo?	*Wann?*
¿Cuánto/-a?	*Wie viel/-e?*
cuarenta	*vierzig*
cuatro	*vier*
cuenta [f.]	*Rechnung*
cuento [m.]	*Erzählung, Märchen*

cuerpo [m.]	*Körper*
¡Cuidado!	*Aufgepasst!, Vorsicht!*
culto/-a	*gebildet*
cultura [f.]	*Kultur*
cultural	*kulturell, Kultur-*
cumpleaños [m.]	*Geburtstag*
cumplir	*erfüllen*
cumplir… años	*… Jahre alt werden*
cursi	*kitschig*
curso [m.]	*Kurs, Schuljahr, Klasse*
dar	*geben*
dar la vuelta	*umkehren, umdrehen*
dar un paseo	*spazieren gehen*
darse cuenta (de)	*(be-)merken*
de	*von, aus*
¿De dónde?	*Woher?*
de nada	*bitte schön, gern geschehen*
de repente	*plötzlich*
debajo de	*unter*
deberes [m. pl.]	*Hausaufgaben*
decir	*sagen*
declarar	*erklären, ausrufen*
decoración [f.]	*Einrichtung, Dekoration*
defecto [m.]	*schlechte Eigenschaft, Fehler*
delante de	*vor (örtlich)*
delgado/-a	*dünn*
los/las demás	*die Anderen, die Übrigen*
demasiado	*zu viel*
demasiado/-a	*zu viel/-e*
democracia [f.]	*Demokratie*
deporte [m.]	*Sport*
deprimido/-a	*deprimiert*
derecho [m.]	*Recht*
desaparecer	*verschwinden*
desastre [m.]	*Desaster, Katastrophe*
desayunar	*frühstücken*
desayuno [m.]	*Frühstück*
descanso [m.]	*Pause, Erholung*
descontento/-a	*unzufrieden*
descubrimiento [m.]	*Entdeckung*
descubrir	*entdecken*
desde	*seit (Zeitpunkt)*
desde hace	*seit (Zeitspanne)*
desear	*wünschen*
desesperado/-a	*verzweifelt*
despacio	*langsam*
despedida [f.]	*Abschied*
después	*danach, dann*
después de	*nach*
destino [m.]	*Reiseziel*
detrás de	*hinter*
deuda [f.]	*Schuld*

día [m.]	*Tag*
diálogo [m.]	*Dialog*
dibujar	*zeichnen*
diccionario [m.]	*Wörterbuch*
diciembre [m.]	*Dezember*
dictadura [f.]	*Diktatur*
dieciséis	*sechzehn*
diecisiete	*siebzehn*
diente [m.]	*Zahn*
diez	*zehn*
difícil	*schwierig*
dificultad [f.]	*Schwierigkeit*
¡Dígame!	*Hallo! (am Telefon)*
dinero [m.]	*Geld*
Dios [m.]	*Gott*
diputado/ diputada [m./f.]	*Abgeordneter/ Abgeordnete*
dirección [f.]	*Adresse*
director/ directora [m./f.]	*Schulleiter/ Schulleiterin*
dirigirse (a)	*sich wenden (an), sich begeben (zu)*
discapacitado/-a	*behindert*
disco(-teca) [f.]	*Disko(-thek)*
discutir	*diskutieren, streiten*
disfrutar de	*genießen*
distinto/-a	*unterschiedlich, anders*
divertido/-a	*lustig, witzig*
divertirse	*Spaß haben, sich amüsieren*
divorciado/-a	*geschieden*
doce	*zwölf*
dólar [m.]	*Dollar*
doler	*wehtun*
dolor [m.]	*Schmerz*
domingo [m.]	*Sonntag*
¿Dónde?	*Wo?*
dormir(se)	*(ein-)schlafen*
dormitorio [m.]	*Schlafzimmer*
dos	*zwei*
doscientos/-as	*zweihundert*
ducharse	*duschen*
durante	*während (bez. auf ein Nomen)*
durar	*dauern*
duro/-a	*hart*
echar de menos	*vermissen*
ecología [f.]	*Ökologie*
economía [f.]	*Wirtschaft*
económico/-a	*wirtschaftlich, preiswert*
edad [f.]	*Alter*
edificio [m.]	*Gebäude*
educación [f.]	*Erziehung, Ausbildung*
ejemplo [m.]	*Beispiel*
elecciones [f. pl.]	*Wahlen*

elegir	*wählen*
emigrante [m./f.]	*Auswanderer/ Auswanderin*
emocionante	*bewegend, aufregend*
empezar	*anfangen, beginnen*
empleado/ empleada [m./f.]	*Angestellter/ Angestellte*
empollar	*büffeln, pauken*
empresa [f.]	*Firma, Unternehmen*
en	*in, auf, an*
en casa (de)	*zu Hause (bei), bei*
en efectivo	*bar*
en general	*im Allgemeinen, normalerweise*
en medio de	*mitten in, mittendrin in*
en mi opinión	*meiner Meinung nach*
en vez de	*statt, anstelle von*
encima de	*auf, darauf*
encontrar	*finden*
encontrarse	*sich befinden*
enero [m.]	*Januar*
ensalada [f.]	*Salat*
enseguida	*gleich, sofort*
enseñar	*unterrichten, zeigen*
entender	*verstehen*
entonces	*dann, also, damals*
entrada [f.]	*Eintrittskarte, Eingang*
entrar	*betreten, hineingehen*
entre	*zwischen*
entrevista [f.]	*Interview*
enviar	*senden, verschicken*
equipo [m.]	*Mannschaft, Team*
es que	*nämlich, da, weil*
escribir	*schreiben*
escritor/ escritora [m./f.]	*Schriftsteller/ Schriftstellerin*
escritorio [m.]	*Schreibtisch*
escuchar	*(zu-)hören*
escuela [f.]	*Schule*
ese/-a	*diese/-r/-s (dort)*
esfuerzo [m.]	*Anstrengung, Mühe*
eso	*das (dort)*
espalda [f.]	*Rücken*
España [f.]	*Spanien*
español/-a	*spanisch*
esperanza [f.]	*Hoffnung*
esperar	*hoffen, warten*
estación [f.]	*Bahnhof, Jahreszeit*
estadio [m.]	*Stadion*
Estado [m.]	*Staat*
Estados Unidos (EE. UU.) [m. pl.]	*Vereinigte Staaten (USA)*
estadounidense	*US-amerikanisch*
estantería [f.]	*Regal*

estar	*sich befinden, sein*
estar harto/-a (de)	*satthaben*
estar abierto/-a	*geöffnet sein*
estar de acuerdo	*einverstanden sein*
estar enfermo/-a	*krank sein*
estar listo/-a	*fertig sein*
estar motivado/-a	*motiviert sein*
estar rico/-a	*lecker sein*
estar sentado/-a	*sitzen*
este [m.]	*Osten*
este/-a	*diese/-r/-s (hier)*
estilo [m.]	*Stil*
estimado/-a	*sehr geehrte/-r (Anrede im Brief)*
esto	*dies (hier)*
estómago [m.]	*Magen*
estrés [m.]	*Stress*
estudiante [m./f.]	*Student/-in, Schüler/-in*
estudiar	*lernen, studieren*
estudios [m. pl.]	*Studium*
estupendo/-a	*hervorragend, wunderbar*
ETA	*Euskadi Ta Askatasuna (baskische Terror-organisation)*
euro [m.]	*Euro*
Europa [f.]	*Europa*
europeo/-a	*europäisch*
examen [m.]	*Prüfung, Klausur, Klassenarbeit*
excursión [f.]	*Ausflug*
éxito [m.]	*Erfolg*
experto/experta [m./f.]	*Experte/Expertin*
explicar	*erklären*
explotar	*ausbeuten*
exportar	*exportieren*
exposición [f.]	*Ausstellung*
expresar	*äußern, ausdrücken*
expulsión [f.]	*Vertreibung*
extranjero/extranjera [m./f.]	*Ausländer/Ausländerin*
extraño/-a	*seltsam, komisch*
fácil	*einfach*
falda [f.]	*Rock*
falta [f.]	*Fehler*
faltar	*fehlen*
fama [f.]	*Berühmtheit, Ruhm, Ruf*
familia [f.]	*Familie*
famoso/-a	*berühmt*
farmacia [f.]	*Apotheke*
fatal	*schrecklich, furchtbar*
favorito/-a	*Lieblings-*

febrero [m.]	*Februar*
fecha [f.]	*Datum*
fecha de nacimiento [f.]	*Geburtsdatum*
feliz	*glücklich*
fenomenal	*fabelhaft, super*
feo/-a	*hässlich*
ficha [f.]	*Karteikarte*
fiesta [f.]	*Fest, Party, Feiertag*
fijarse (en)	*achten (auf)*
¡Fíjate!	*Pass auf!*
fin de curso [m.]	*Schuljahresende*
fin de semana [m.]	*Wochenende*
final [m.]	*Ende*
física [f.]	*Physik*
flamenco [m.]	*Flamenco*
flor [f.]	*Blume*
folleto [m.]	*Broschüre*
fomentar	*fördern, unterstützen*
forma [f.]	*Form*
formación [f.]	*Ausbildung, Bildung*
foto(-grafía) [f.]	*Foto(-grafie)*
fracaso escolar [m.]	*schulisches Versagen*
francés/francesa (= de Francia)	*französisch*
franquismo [m.]	*Franquismus (Regierungszeit unter dem spanischen Diktator Franco)*
frase [f.]	*Satz*
frío [m.]	*Kälte*
frontera [f.]	*Grenze*
fruta [f.]	*Obst, Frucht*
fuego [m.]	*Feuer*
fuerte	*stark, laut*
fumar	*rauchen*
fundar	*gründen*
fútbol [m.]	*Fußball*
futuro [m.]	*Zukunft*
Galicia [f.]	*Galicien*
gallego/-a	*galicisch*
ganar	*gewinnen, verdienen*
gaseosa [f.]	*Limonade*
gastar	*ausgeben*
gato [m.]	*Katze*
gazpacho [m.]	*Gazpacho (kalte Gemüsesuppe)*
generación [f.]	*Generation*
genial	*genial*
gente [f.]	*Leute*
geografía [f.]	*Geografie*
girar	*abbiegen*
gitano/gitana [m./f.]	*Zigeuner/Zigeunerin, Roma*
gobernar	*regieren*
gobierno [m.]	*Regierung*
goma de borrar [f.]	*Radiergummi*
gordo/-a	*dick*

gracias	*danke*
grande	*groß*
gratuito/-a	*gratis*
gripe [f.]	*Grippe*
gris	*grau*
gritar	*(an-)schreien*
grupo [m.]	*Gruppe*
guapo/-a	*hübsch*
guay	*toll*
guerra [f.]	*Krieg*
guía [m./f.]	*Reiseführer/-in*
guitarra [f.]	*Gitarre*
gustar	*gefallen, mögen*
gusto [m.]	*Geschmack*
habitación [f.]	*Zimmer*
habitación individual/ doble [f.]	*Einzel-/Doppel-zimmer*
habitante [m./f.]	*Bewohner/-in*
hablar	*reden*
hace	*vor (Zeitspanne)*
hacer	*machen, tun*
hacer la compra	*einkaufen gehen*
hambre [f.]	*Hunger*
hasta	*bis (zeitlich, örtlich)*
hay	*es gibt*
hay que	*man muss*
helado [m.]	*Eis*
herida [f.]	*Wunde, Verletzung*
hermano/ hermana [m./f.]	*Bruder/Schwester*
hermanos [m. pl.]	*Geschwister*
hielo [m.]	*Eis(-würfel)*
hijo/hija [m./f.]	*Sohn/Tochter*
hijos [m. pl.]	*(leibliche) Kinder*
hispano-hablante	*Spanisch sprechend, spanischsprachig*
historia [f.]	*Geschichte*
histórico/-a	*historisch, geschichtlich*
hobby [m.]	*Hobby*
hoja [f.]	*Blatt*
¡Hola!	*Hallo!*
hombre [m.]	*Mann, Mensch*
hora [f.]	*Stunde, Uhrzeit*
horario [m.]	*Stundenplan, Fahrplan*
horrible	*schrecklich*
horror [m.]	*Horror, Schrecken*
hospital [m.]	*Krankenhaus*
hotel [m.]	*Hotel*
hoy	*heute*
hoy en día	*heutzutage*
hueso [m.]	*Knochen*
huevo [m.]	*Ei*
idea [f.]	*Idee, Ahnung, Vorstellung*

idioma [m.]	*Sprache*
iglesia [f.]	*Kirche*
imaginarse	*sich vorstellen*
impaciente	*ungeduldig*
importancia [f.]	*Wichtigkeit, Bedeutung*
importante	*wichtig*
importar	*wichtig sein, importieren*
impresionante	*beeindruckend*
incluso	*sogar*
indiferencia [f.]	*Gleichgültigkeit*
influencia (en/sobre) [f.]	*Einfluss (auf)*
información [f.]	*Information*
informática [f.]	*Informatik*
inglés/inglesa (= de Inglaterra)	*englisch*
inmigrante [m./f.]	*Einwanderer/Einwanderin*
inquieto/-a	*beunruhigt, unruhig*
instituto [m.]	*in etwa: Gymnasium*
inteligente	*intelligent*
interesante	*interessant*
interesar	*interessieren*
interesarse por	*sich interessieren für*
Internet [m.]	*Internet*
inventar	*erfinden*
invierno [m.]	*Winter*
invitar	*einladen*
ir (a)	*gehen (zu, nach) fahren (zu, nach)*
ir a hacer	*gleich tun werden*
ir de compras	*shoppen gehen*
irse	*(weg-)gehen*
isla [f.]	*Insel*
italiano/-a (= de Italia)	*italienisch*
jamón [m.]	*Schinken*
japonés/japonesa (= de Japón)	*japanisch*
jardín [m.]	*Garten*
jerez [m.]	*Sherry*
jersey [m.]	*Pullover*
joven	*jung*
joven [m./f.]	*Jugendliche/-r*
judío/-a	*jüdisch*
juego [m.]	*Spiel*
jueves [m.]	*Donnerstag*
jugar (a)	*spielen*
julio [m.]	*Juli*
junio [m.]	*Juni*
justo/-a	*gerecht, fair*
kilo [m.]	*Kilo*
lago [m.]	*See*
lámpara [f.]	*Lampe*
lápiz (de color) [m.]	*Bleistift, Buntstift*

largo/-a	*lang*
lata [f.]	*Dose*
lavar(se)	*(sich) waschen*
leche [f.]	*Milch*
leer	*lesen*
lejos de	*weit weg von, weit entfernt von*
lengua [f.]	*Sprache*
letra [f.]	*Liedtext, Buchstabe*
levantarse	*aufstehen*
ley antitabaco [f.]	*Anti-Tabak-Gesetz*
libertad [f.]	*Freiheit*
libre	*frei*
libro (de texto) [m.]	*(Lehr-)Buch*
ligar (con)	*flirten (mit)*
limpiar	*sauber machen, putzen*
limpio/-a	*sauber*
lindo/-a	*hübsch*
línea [f.]	*Linie, Zeile*
lista [f.]	*Liste*
literatura [f.]	*Literatur*
llamar	*(an-)rufen*
llamarse	*heißen*
llegada [f.]	*Ankunft*
llegar	*(an-)kommen*
lleno/-a	*voll*
llevar	*(hin-)bringen, tragen, mitnehmen*
llorar	*weinen*
llover	*regnen*
lluvia [f.]	*Regen*
lo que	*(das) was*
lo siento	*es tut mir leid*
loco/-a	*verrückt*
lucha [f.]	*Kampf*
luchar	*kämpfen*
lugar [m.]	*Ort*
lunes [m.]	*Montag*
madre/mamá [f.]	*Mutter/Mama*
maestro/maestra [m./f.]	*Grundschullehrer/Grundschullehrerin*
majo/-a	*nett*
mal	*schlecht*
malo/-a	*schlecht, böse*
mañana [f.]	*morgen, Morgen*
mandar	*senden, verschicken*
manifestación [f.]	*Demonstration*
mano [f.]	*Hand*
manzana [f.]	*Apfel*
mapa [m.]	*Landkarte*
mar [m.]	*Meer*
marcar	*markieren*

marcha (col.) [f.]	*Spaß, Stimmung, Atmosphäre*
marido [m.]	*Ehemann*
marisco [m.]	*Meeresfrüchte*
marrón	*braun*
martes [m.]	*Dienstag*
marzo [m.]	*März*
más	*mehr*
matemáticas [f. pl.]	*Mathematik*
mayo [m.]	*Mai*
mayor	*größer, älter*
mayoría [f.]	*Mehrheit*
media pensión [f.]	*Halbpension*
medianoche [f.]	*Mitternacht*
medicina [f.]	*Medizin*
médico/médica [m./f.]	*Arzt/Ärztin*
medida [f.]	*Maß*
medio ambiente [m.]	*Umwelt*
medio de transporte [m.]	*Verkehrsmittel*
medio/-a	*halb*
mediodía [m.]	*Mittag*
mejor	*besser, beste/-r/-s*
melocotón [m.]	*Pfirsich*
menor	*kleiner/geringer, jünger*
menos	*weniger*
¡Menos mal!	*Zum Glück! Gott sei Dank!*
mensaje [m.]	*Nachricht, Botschaft*
¡Menudo/-a…!	*Was für ein …!*
mercado [m.]	*Markt*
mes [m.]	*Monat*
mesa [f.]	*Tisch*
metro [m.]	*U-Bahn*
mexicano/-a (= de México)	*mexikanisch*
mezcla [f.]	*Mischung*
mezquita [f.]	*Moschee*
mi/mis	*mein/-e*
miedo [m.]	*Angst*
mientras	*während (bez. auf ein Verb)*
miércoles [m.]	*Mittwoch*
mil	*tausend*
millón [m.]	*Million*
minuto [m.]	*Minute*
mirar	*(an-)sehen, (an-)schauen*
¡Mira!	*Schau mal!*
mitad [f.]	*Hälfte*
mobiliario [m.]	*Mobiliar, Möbel*
mochila [f.]	*Rucksack*
moda [f.]	*Mode*
moderno/-a	*modern*
moneda [f.]	*Münze, Währung*

monólogo [m.]	*Monolog*
montaña [f.]	*Berg, Berge*
montar a caballo	*reiten*
monte [m.]	*Berg*
un montón (de)	*ein Haufen (von), jede Menge (an)*
moreno/-a	*dunkelhäutig, dunkelhaarig*
morir(se)	*sterben*
moto(-cicleta) [f.]	*Motorrad, Mofa*
mover(se)	*(sich) bewegen*
(teléfono) móvil [m.]	*Handy*
movimiento [m.]	*Bewegung*
muchacho/muchacha [m./f.]	*Junge/Mädchen*
muchas veces	*oft, häufig*
mucho/-a	*viel*
mudarse	*umziehen*
muerte [f.]	*Tod*
mujer [f.]	*Frau, Ehefrau*
mundial	*Welt-*
mundo [m.]	*Welt*
museo [m.]	*Museum*
música [f.]	*Musik*
musulmán/musulmana	*moslemisch, muslimisch*
muy	*sehr*
nacer	*geboren werden*
nadar	*schwimmen*
naranja [f.]	*Orange*
nariz [f.]	*Nase*
naturaleza [f.]	*Natur*
navegar por Internet	*im Internet surfen*
Navidad [f.]	*Weihnachten*
necesario/-a	*notwendig, nötig*
necesitar	*brauchen, benötigen*
neerlandés/neerlandesa (= de los Países Bajos)	*niederländisch*
negro/-a	*schwarz*
nevar	*schneien*
¡Ni idea!	*Keine Ahnung!*
nieve [f.]	*Schnee*
niño/niña [m./f.]	*Kind*
no	*nein, nicht, kein*
¡No me digas!	*Sag bloß!*
(no…) ninguno/-a	*kein, keine/-r/-s*
(no…) nada	*nichts*
(no…) nadie	*niemand*
(no…) nunca	*nie*
no… ni	*weder noch*
noche [f.]	*Nacht*
nombre [m.]	*Name*

normal	*normal*
norte [m.]	*Norden*
novecientos/-as	*neunhundert*
novela [f.]	*Roman*
noventa	*neunzig*
noviembre [m.]	*November*
novio/novia [m./f.]	*(fester) Freund/ (feste) Freundin*
nube [f.]	*Wolke*
nuestro/-a	*unser/-e*
nueve	*neun*
número [m.]	*Zahl, Nummer*
o sea	*das heißt*
o/u	*oder*
obra [f.]	*Werk*
Océano Atlántico [m.]	*Atlantischer Ozean*
Océano Pacífico [m.]	*Pazifischer Ozean*
ochenta	*achtzig*
ocho	*acht*
octubre [m.]	*Oktober*
ocurrir	*geschehen*
odiar	*hassen*
oeste [m.]	*Westen*
ofrecer	*anbieten*
oír	*hören*
ojo [m.]	*Auge*
oler	*riechen*
olvidarse (de)	*vergessen*

once	*elf*
ONG (Organización no Guberna-mental) [f.]	*regierungsunabhängige Hilfsorganisation, NGO (Non-Governmental Organisation)*
opinar	*meinen, glauben*
opinión [f.]	*Meinung*
oportunidad [f.]	*Gelegenheit*
ordenador [m.]	*Computer*
organización [f.]	*Organisation*
organización terrorista [f.]	*Terrororganisation*
organizar	*organisieren*
orgulloso/a (de)	*stolz (auf)*
origen [m.]	*Herkunft, Ursprung*
otoño [m.]	*Herbst*
otra vez	*noch einmal*
otro/-a	*andere/-r/-s, noch ein/-e/-r/-s*
¡Oye!	*Hör mal!*
paciente	*geduldig*
padre/papá [m.]	*Vater/Papa*
padres [m. pl.]	*Eltern*
paella [f.]	*Paella (bekanntes spanisches Reisgericht)*
pagar	*(be-)zahlen*
página [f.]	*Seite*
país [m.]	*Land*
País Vasco [m.]	*Baskenland*
pájaro [m.]	*Vogel*

palabra [f.]	*Wort*
pan [m.]	*Brot*
panadería [f.]	*Bäckerei*
pantalones [m. pl.]	*Hose*
papás [m. pl.] (col.)	*Eltern*
para	*für, um zu (+ Infinitiv)*
para que	*damit*
¿Para qué?	*Wozu?*
parada [f.]	*Haltestelle*
parar(se)	*anhalten, stehen bleiben, aufhören*
parecer	*finden (Meinung), scheinen*
parecido/-a	*ähnlich*
paro [m.]	*Arbeitslosigkeit*
parque [m.]	*Park*
parte [f.]	*Teil*
participar (en)	*teilnehmen (an)*
partido [m.]	*Partei*
pasado [m.]	*Vergangenheit*
pasajero [m.]	*Passagier*
pasar	*verbringen, vergehen, passieren*
pasar (por)	*vorbeikommen, vorbeifahren*
pasarlo bien	*sich amüsieren, Spaß haben*
pasarlo mal	*sich unwohl fühlen*
Pascuas [f. pl.]	*Ostern*
pasillo [m.]	*Gang, Flur*
pasión [f.]	*Leidenschaft*
patata [f.]	*Kartoffel*
patio [m.]	*Hof, Innenhof*
paz [f.]	*Frieden*
peaje [m.]	*Maut*
pedir	*bestellen, bitten*
película [f.]	*Film*
peligroso/-a	*gefährlich*
pelirrojo/-a	*rothaarig*
pelo [m.]	*Haar*
pendiente	*unerledigt*
pensar	*denken*
Pentecostés [m.]	*Pfingsten*
peor	*schlimmer, schlimmste/-r/-s*
pepino [m.]	*Gurke*
pequeño/-a	*klein*
pera [f.]	*Birne*
perder	*verlieren*
perdonar	*verzeihen, entschuldigen*
perezoso/-a	*faul*
perfeccionar	*perfektionieren*
periódico [m.]	*Zeitung*
pero	*aber*
perro [m.]	*Hund*
pesado/-a	*nervig, lästig*
pesar	*wiegen*

pescado [m.]	*Fisch*
piano [m.]	*Klavier*
picante	*scharf*
pie [m.]	*Fuß*
piedra [f.]	*Stein*
piel [f.]	*Haut*
pierna [f.]	*Bein*
pimienta [f.]	*Pfeffer*
Pirineos [m. pl.]	*Pyrenäen*
piscina [f.]	*Schwimmbad*
piso [m.]	*Wohnung, Appartement*
pizarra [f.]	*Tafel*
plan [m.]	*Plan*
plano [m.]	*(Stadt-)Plan*
planta [f.]	*Pflanze*
plátano [m.]	*Banane*
plato [m.]	*Gericht, Teller*
playa [f.]	*Strand*
plaza [f.]	*Platz*
población [f.]	*Bevölkerung*
pobre	*arm*
pobreza [f.]	*Armut*
poco/-a	*wenig*
poder [m.]	*Macht*
poesía [f.]	*Poesie, Gedichte*
policía [f.]	*Polizei*
política [f.]	*Politik*
político/política [m./f.]	*Politiker/Politikerin*
ponencia [f.]	*Referat*
poner	*setzen, stellen, legen*
poner la mesa	*den Tisch decken*
ponerse	*(sich) anziehen*
popular	*beliebt, populär*
por	*wegen, durch*
por ciento [m.]	*Prozent*
por cierto	*übrigens*
por ejemplo	*zum Beispiel*
por eso	*deshalb*
por favor	*bitte (wenn man um etwas bittet)*
por la mañana/tarde/noche	*morgens/nachmittags/abends*
porque	*weil, da*
¿Por qué?	*Warum?*
portugués/portuguesa (= de Portugal)	*portugiesisch*
posibilidad [f.]	*Möglichkeit*
posible	*möglich*
postal [f.]	*Postkarte*
practicar	*(Sport) treiben, üben*
precioso/-a	*wunderschön*
precolombino/-a	*präkolumbisch, präkolumbianisch*

preferir	lieber mögen, vorziehen
pregunta [f.]	Frage
preguntar	fragen
preocuparse	sich Sorgen machen
preparar	zubereiten, vorbereiten
presentar	vorstellen
presente [m.]	Gegenwart
presidente/presidenta [m./f.]	Präsident/Präsidentin
primavera [f.]	Frühling
primero/-a	erste/-r/-s
primo/prima [m./f.]	Cousin/Cousine
probar	probieren, kosten
problema [m.]	Problem
producto [m.]	Produkt
profesión [f.]	Beruf
profesor/profesora (profe) (col.) [m./f.]	Lehrer/Lehrerin
programa [m.]	Programm
progreso [m.]	Fortschritt
prohibir	verbieten
pronto	bald
propio/-a	eigene/-s/-r
proponer	vorschlagen
protagonista [m./f.]	Protagonist/-in, Hauptfigur
proteger	(be-)schützen
provincia [f.]	Provinz
próximo/-a	nächste/-r/-s
proyecto [m.]	Projekt
prueba [f.]	Test
publicidad [f.]	Werbung
pueblo [m.]	Dorf, Volk
puente [m.]	Brücke
puerta [f.]	Tür
puerto [m.]	Hafen
puntual	pünktlich
que	der, die, das, dass
¿Qué?	Was?
¿Quién/-es?	Wer?
¡Que aproveche!	Guten Appetit!
¡Qué horror!	Wie schrecklich!
¡Qué ilusión!	Welche Freude!, Wie schön!
¡Que lo pases/paséis bien!	Dir/euch viel Spaß!
¡Qué pena!	(Wie) schade!
¿Qué tal?	Wie geht's?
¡Qué va!	Ach wo!, Ganz und gar nicht!
quechua [m.]	Quechua
quedar	sich verabreden, sich treffen
quedarse	bleiben

quejarse (de)	*sich beschweren (über)*
querer	*lieben, wollen, möchten*
querido/-a	*liebe/-r (Anrede im Brief)*
queso [m.]	*Käse*
¿Quién/-es?	*Wer?*
química [f.]	*Chemie*
quince	*fünfzehn*
quinientos/-as	*fünfhundert*
quizá(s)	*vielleicht*
radio [f.]	*Radio*
rápido	*schnell*
raro/-a	*merkwürdig, komisch*
real	*wirklich, echt*
realidad [f.]	*Wirklichkeit*
realmente	*wirklich*
recibir	*bekommen, empfangen*
recomendar	*empfehlen*
reconocer	*(an-)erkennen, zugeben*
Reconquista [f.]	*Eroberung der arabisch besetzten Gebiete durch die Spanier*
recordar	*sich erinnern*
recorrer	*zurücklegen, bereisen*
recreo [m.]	*(Schul-)Pause*
rectángulo [m.]	*Rechteck*
recuerdo [m.]	*Erinnerung, Souvenir*
red [f.]	*Internet (wörtlich: Netz)*
redactar	*verfassen*
regalar	*schenken*
regalo [m.]	*Geschenk*
región [f.]	*Region, Gegend*
regresar	*zurückkehren*
regular	*es geht*
reino [m.]	*(König-)Reich*
reírse	*lachen*
relación [f.]	*Beziehung*
religión [f.]	*Religion*
repartir	*verteilen*
repetir	*wiederholen*
reportaje [m.]	*Reportage, Bericht*
representante [m./f.]	*Vertreter/-in*
república [f.]	*Republik*
reservar	*reservieren*
respetar	*respektieren*
respeto [m.]	*Respekt*
responsable	*verantwortlich*
respuesta [f.]	*Antwort*
restaurante [m.]	*Restaurant*

resto [m.]	*Rest*
resumir	*zusammenfassen*
retraso [m.]	*Verspätung*
revista [f.]	*Zeitschrift*
rey/reina [m./f.]	*König/Königin*
Reyes Magos [m. pl.]	*Dreikönigsfest, die Heiligen Drei Könige*
rico/-a	*reich*
río [m.]	*Fluss*
riqueza [f.]	*Reichtum*
ritmo [m.]	*Rhythmus*
robo [m.]	*Diebstahl, Raub*
rojo/-a	*rot*
ropa [f.]	*Wäsche, Kleidung*
rosa	*rosa*
rubio/-a	*blond*
ruido [m.]	*Lärm*
rural	*ländlich*
ruso/-a (= de Rusia)	*russisch*
ruta [f.]	*Reiseweg, Route, Strecke*
sábado [m.]	*Samstag*
saber	*wissen, können*
sacar	*herausnehmen, herausholen*
sal [f.]	*Salz*
salida [f.]	*Abreise, Abfahrt*
salir	*ausgehen, weggehen*
salón [m.]	*Wohnzimmer*
salud [f.]	*Gesundheit*
saludar	*grüßen*
sano/-a	*gesund*
saxo(-fón) [m.]	*Saxophon*
secundaria [f.]	*in etwa: Mittelstufe*
sed [f.]	*Durst*
seguir	*folgen*
según	*nach, laut*
segundo [m.]	*Sekunde*
segundo/-a	*zweite/-r/-s*
seguro/-a	*sicher*
seis	*sechs*
Selección [f.]	*Nationalmannschaft*
sello [m.]	*Briefmarke*
selva [f.]	*Wald*
semana [f.]	*Woche*
sencillo/-a	*einfach*
señor (Sr.) [m.]	*Herr*
señora (Sra.) [f.]	*Frau*
sensación [f.]	*Gefühl*
sentarse	*sich (hin-)setzen*
sentido [m.]	*Sinn*

sentimiento [m.]	*Gefühl*
sentir(se)	*(sich) fühlen*
septiembre [m.]	*September*
ser	*sein*
ser incapaz (de)	*unfähig sein (zu), nicht in der Lage sein (zu)*
ser un rollo	*nervig sein*
serio/-a	*ernst*
sesenta	*sechzig*
setecientos/-as	*siebenhundert*
setenta	*siebzig*
severo/-a	*streng*
sexo [m.]	*Geschlecht, Sex*
si	*falls, wenn*
si	*ob*
sí	*ja, doch*
siempre	*immer*
siete	*sieben*
siglo [m.]	*Jahrhundert*
significar	*bedeuten*
silla [f.]	*Stuhl*
sillón [m.]	*Sessel*
simpático/-a	*sympathisch*
simplemente	*einfach*
sin	*ohne*
sin embargo	*trotzdem, jedoch*
sino	*sondern*
sistema [m.]	*System*
sitio [m.]	*Ort, Platz*
sobre	*auf, über*
sobre todo	*vor allem*
social	*sozial, gesellschaftlich*
sociedad [f.]	*Gesellschaft*
sol [m.]	*Sonne*
solamente	*nur*
soler hacer	*für gewöhnlich tun*
solidaridad [f.]	*Solidarität*
sólo	*nur*
solo/-a	*allein*
soltero/-a	*ledig, unverheiratet*
solución [f.]	*Lösung*
solucionar	*lösen*
sonreír	*lächeln*
sorpresa [f.]	*Überraschung*
su/sus	*sein/-e, ihr/-e, Ihr/-e*
subir	*einsteigen, hochgehen*
subrayar	*unterstreichen, betonen*

suerte [f.]	*Glück*
suficiente	*genug*
suizo/-a (= de Suiza)	*schweizerisch*
supermercado [m.]	*Supermarkt*
suponer	*vermuten*
sur [m.]	*Süden*
suspenso [m.]	*ungenügend (Schulnote), nicht bestanden*
susto [m.]	*Schrecken*
taller [m.]	*AG, Werkstatt*
también	*auch*
tampoco	*auch nicht*
tan	*so*
tanto/-a	*so viel*
tapa [f.]	*Tapa (kleine Vorspeise)*
tarde	*spät*
tarde [f.]	*Nachmittag*
tarea [f.]	*Aufgabe*
tarjeta de crédito [f.]	*Kreditkarte*
té [m.]	*(Schwarz-)Tee*
teatro [m.]	*Theater*
telediario [m.]	*Fernsehnachrichten*
teléfono [m.]	*Telefon*
telenovela [f.]	*melodramatische Fernsehserie, Telenovela*
televisor [m.]	*Fernseher*
tema [m.]	*Thema*
temporada [f.]	*Saison, Jahreszeit*
temprano	*früh*
tener	*haben*
tener ganas (de)	*Lust haben (auf, zu)*
tener que	*müssen*
tener… años	*… Jahre alt sein*
tercero/-a	*dritte/-r/-s*
terminar	*beenden, zu Ende gehen*
terraza [f.]	*Terrasse*
terrible	*furchtbar*
texto [m.]	*Text*
tiempo [m.]	*Wetter, Zeit*
tiempo libre [m.]	*Freizeit*
tienda [f.]	*Laden, Geschäft*
Tierra [f.]	*Erde*
tijeras [f. pl.]	*Schere*
tío/tía [m./f.]	*Onkel/Tante*
típico/-a (de)	*typisch (für)*
tipo [m.]	*Art*
título [m.]	*Titel*
tiza [f.]	*Kreide*
tocar	*berühren, anfassen*
tocar un instrumento	*ein Instrument spielen*
todavía no	*noch nicht*

todo	*alles*
todo el mundo	*jedermann, alle*
todo el/toda la (+ sust.)	*ganze/-r/-s*
todo recto	*geradeaus*
todos/todas (los/las + sust.)	*alle*
tomar	*nehmen, trinken*
tomate [m.]	*Tomate*
tonto/-a	*dumm*
tormenta [f.]	*Gewitter*
torre [f.]	*Turm*
tortilla [f.]	*Tortilla (Omelette mit Kartoffeln)*
trabajador/ trabajadora [m./f.]	*Arbeitnehmer/Arbeitnehmerin, Arbeiter/ Arbeiterin*
trabajar	*arbeiten*
trabajo [m.]	*Arbeit*
traducir	*übersetzen*
traer	*(her-)bringen*
tráfico [m.]	*Verkehr*
tranquilo/-a	*ruhig*
tratar	*behandeln*
trece	*dreizehn*
treinta	*dreißig*
treinta y uno/ una	*einunddreißig*
tren [m.]	*Zug*
tres	*drei*
triángulo [m.]	*Dreieck*
triste	*traurig*
tu/tus	*dein/-e*
turismo [m.]	*Tourismus*
turista [m./f.]	*Tourist/-in*
último/-a	*letzte/-r/-s*
único/-a	*einzige/-r/-s*
universidad [f.]	*Universität*
uno/una	*eins*
útil	*nützlich*
utilizar	*benutzen, verwenden*
vacaciones [f. pl.]	*Ferien*
vago/-a	*faul*
vale	*einverstanden*
valer	*kosten, wert sein*
valle [m.]	*Tal*
vaqueros [m. pl.]	*Jeans*
varios/-as	*mehrere, verschiedene*
vasco/-a	*baskisch*
vaso [m.]	*Glas*
vecino/vecina [m./f.]	*Nachbar/Nachbarin*
veinte	*zwanzig*
veintiuno/-una	*einundzwanzig*
vendedor/ vendedora [m./f.]	*Verkäufer/Verkäuferin*
vender	*verkaufen*
venir	*kommen*

¡Venga!	*Los!, Komm!*
ventanilla [f.]	*Schalter*
ver	*sehen*
verano [m.]	*Sommer*
verdad [f.]	*Wahrheit*
verde	*grün*
vestido [f.]	*Kleid*
vestirse	*sich anziehen, sich kleiden*
viajar	*reisen*
viaje [m.]	*Reise*
vida [f.]	*Leben*
vida profesional [f.]	*Berufsleben*
viejo/-a	*alt*
viento [m.]	*Wind*
viernes [m.]	*Freitag*
vino [m.]	*Wein*
violencia [f.]	*Gewalt*
violín [m.]	*Geige*
visitar	*besichtigen, besuchen*
vista [f.]	*Sicht, Aussicht*
vivienda [f.]	*Wohnung, Wohnsitz*
vivir	*leben, erleben*
volar	*fliegen*
voleibol [m.]	*Volleyball*
volver	*zurückkommen, zurückkehren*
votar	*wählen*
voto [m.]	*Stimme, Wahl*
vuelta [f.]	*Rückkehr*
vuestro/-a	*euer/eure*
y/e	*und*
ya	*schon*
ya no	*nicht mehr*
zapatillas de deporte [f. pl.]	*Sportschuhe*
zapatos [m. pl.]	*Schuhe*
zumo [m.]	*Saft*

Überblick: Verbformen

Regelmäßige Verbformen

infinitivo	persona	pres. indicat.	pres. subj.	pret. imperf.	pret. indef.	fut. simple	cond. simple	part./ger.
en -ar:	yo	hablo	hable	hablaba	hablé	hablaré	hablaría	hablado/
hablar	tú	hablas	hables	hablabas	hablaste	hablarás	hablarías	hablando
	él, ella	habla	hable	hablaba	habló	hablará	hablaría	
	nos.	hablamos	hablemos	hablábamos	hablamos	hablaremos	hablaríamos	
	vos.	habláis	habléis	hablabais	hablasteis	hablaréis	hablaríais	
	ellos/as	hablan	hablen	hablaban	hablaron	hablarán	hablarían	
en -er:	yo	como	coma	comía	comí	comeré	comería	comido/
comer	tú	comes	comas	comías	comiste	comerás	comerías	comiendo
	él, ella	come	coma	comía	comió	comerá	comería	
	nos.	comemos	comamos	comíamos	comimos	comeremos	comeríamos	
	vos.	coméis	comáis	comíais	comisteis	comeréis	comeríais	
	ellos/as	comen	coman	comían	comieron	comerán	comerían	
en -ir:	yo	vivo	viva	vivía	viví	viviré	viviría	vivido/
vivir	tú	vives	vivas	vivías	viviste	vivirás	vivirías	viviendo
	él, ella	vive	viva	vivía	vivió	vivirá	viviría	
	nos.	vivimos	vivamos	vivíamos	vivimos	viviremos	viviríamos	
	vos.	vivís	viváis	vivíais	vivisteis	viviréis	viviríais	
	ellos/as	viven	vivan	vivían	vivieron	vivirán	vivirían	

Unregelmäßige Verbformen

infinitivo	persona	pres. indicat.	pres. subj.	pret. imperf.	pret. indef.	fut. simple	cond. simple	part./ger.
1	yo	abro	abra	abría	abrí	abriré	abriría	abierto/
abrir	tú	abres	abras	abrías	abriste	abrirás	abrirías	abriendo
	él, ella	abre	abra	abría	abrió	abrirá	abriría	
	nos.	abrimos	abramos	abríamos	abrimos	abriremos	abriríamos	
	vos.	abrís	abráis	abríais	abristeis	abriréis	abriríais	
	ellos/as	abren	abran	abrían	abrieron	abrirán	abrirían	
2	yo	ando	ande	andaba	anduve	andaré	andaría	andado/
andar	tú	andas	andes	andabas	anduviste	andarás	andarías	andando
	él, ella	anda	ande	andaba	anduvo	andará	andaría	
	nos.	andamos	andemos	andábamos	anduvimos	andaremos	andaríamos	
	vos.	andáis	andéis	andabais	anduvisteis	andaréis	andaríais	
	ellos/as	andan	anden	andaban	anduvieron	andarán	andarían	
3	yo	caigo	caiga	caía	caí	caeré	caería	caído/
caer	tú	caes	caigas	caías	caíste	caerás	caerías	cayendo
	él, ella	cae	caiga	caía	cayó	caerá	caería	
	nos.	caemos	caigamos	caíamos	caímos	caeremos	caeríamos	
	vos.	caéis	caigáis	caíais	caísteis	caeréis	caeríais	
	ellos/as	caen	caigan	caían	cayeron	caerán	caerían	

infinitivo	persona	pres. indicat.	pres. subj.	pret. imperf.	pret. indef.	fut. simple	cond. simple	part./ger.
4	yo	conozco	conozca	conocía	conocí	conoceré	conocería	conocido/
conocer	tú	conoces	conozcas	conocías	conociste	conocerás	conocerías	conociendo
	él, ella	conoce	conozca	conocía	conoció	conocerá	conocería	
	nos.	conocemos	conozcamos	conocíamos	conocimos	conoceremos	conoceríamos	
	vos.	conocéis	conozcáis	conocíais	conocisteis	conoceréis	conoceríais	
	ellos/as	conocen	conozcan	conocían	conocieron	conocerán	conocerían	
5	yo	construyo	construya	construía	construí	construiré	construiría	construido/
construir	tú	construyes	construyas	construías	construiste	construirás	construirías	construyendo
	él, ella	construye	construya	construía	construyó	construirá	construiría	
	nos.	construimos	construyamos	construíamos	construimos	construiremos	construiríamos	
	vos.	construís	construyáis	construíais	construisteis	construiréis	construiríais	
	ellos/as	construyen	construyan	construían	construyeron	construirán	construirían	
6	yo	cuento	cuente	contaba	conté	contaré	contaría	contado/
contar	tú	cuentas	cuentes	contabas	contaste	contarás	contarías	contando
	él, ella	cuenta	cuente	contaba	contó	contará	contaría	
	nos.	contamos	contemos	contábamos	contamos	contaremos	contaríamos	
	vos.	contáis	contéis	contabais	contasteis	contaréis	contaríais	
	ellos/as	cuentan	cuenten	contaban	contaron	contarán	contarían	
7	yo	continúo	continúe	continuaba	continué	continuaré	continuaría	continuado/
continuar	tú	continúas	continúes	continuabas	continuaste	continuarás	continuarías	continuando
	él, ella	continúa	continúe	continuaba	continuó	continuará	continuaría	
	nos.	continuamos	continuemos	continuábamos	continuamos	continuaremos	continuaríamos	
	vos.	continuáis	continuéis	continuabais	continuasteis	continuaréis	continuaríais	
	ellos/as	continúan	continúen	continuaban	continuaron	continuarán	continuarían	

infinitivo	persona	pres. indicat.	pres. subj.	pret. imperf.	pret. indef.	fut. simple	cond. simple	part./ger.
8	yo	doy	dé	daba	di	daré	daría	dado/
dar	tú	das	des	dabas	diste	darás	darías	dando
	él, ella	da	dé	daba	dio	dará	daría	
	nos.	damos	demos	dábamos	dimos	daremos	daríamos	
	vos.	dais	deis	dabais	disteis	daréis	daríais	
	ellos/as	dan	den	daban	dieron	darán	darían	
9	yo	digo	diga	decía	dije	diré	diría	dicho/
decir	tú	dices	digas	decías	dijiste	dirás	dirías	diciendo
	él, ella	dice	diga	decía	dijo	dirá	diría	
	nos.	decimos	digamos	decíamos	dijimos	diremos	diríamos	
	vos.	decís	digáis	decíais	dijisteis	diréis	diríais	
	ellos/as	dicen	digan	decían	dijeron	dirán	dirían	
10	yo	descubro	descubra	descubría	descubrí	descubriré	descubriría	descubierto/
descubrir	tú	descubres	descubras	descubrías	descubriste	descubrirás	descubrirías	descubriendo
	él, ella	descubre	descubra	descubría	descubrió	descubrirá	descubriría	
	nos.	descubrimos	descubramos	descubríamos	descubrimos	descubriremos	descubriríamos	
	vos.	descubrís	descubráis	descubríais	descubristeis	descubriréis	descubriríais	
	ellos/as	descubren	descubran	descubrían	descubrieron	descubrirán	descubrirían	
11	yo	duermo	duerma	dormía	dormí	dormiré	dormiría	dormido/
dormir	tú	duermes	duermas	dormías	dormiste	dormirás	dormirías	durmiendo
	él, ella	duerme	duerma	dormía	durmió	dormirá	dormiría	
	nos.	dormimos	durmamos	dormíamos	dormimos	dormiremos	dormiríamos	
	vos.	dormís	durmáis	dormíais	dormisteis	dormiréis	dormiríais	
	ellos/as	duermen	duerman	dormían	durmieron	dormirán	dormirían	

infinitivo	persona	pres. indicat.	pres. subj.	pret. imperf.	pret. indef.	fut. simple	cond. simple	part./ger.
12 elegir	yo	elijo	elija	elegía	elegí	elegiré	elegiría	elegido/ eligiendo
	tú	eliges	elijas	elegías	elegiste	elegirás	elegirías	
	él, ella	elige	elija	elegía	eligió	elegirá	elegiría	
	nos.	elegimos	elijamos	elegíamos	elegimos	elegiremos	elegiríamos	
	vos.	elegís	elijáis	elegíais	elegisteis	elegiréis	elegiríais	
	ellos/as	eligen	elijan	elegían	eligieron	elegirán	elegirían	
13 enviar	yo	envío	envíe	enviaba	envié	enviaré	enviaría	enviado/ enviando
	tú	envías	envíes	enviabas	enviaste	enviarás	enviarías	
	él, ella	envía	envíe	enviaba	envió	enviará	enviaría	
	nos.	enviamos	enviemos	enviábamos	enviamos	enviaremos	enviaríamos	
	vos.	enviáis	enviéis	enviabais	enviasteis	enviaréis	enviaríais	
	ellos/as	envían	envíen	enviaban	enviaron	enviarán	enviarían	
14 escribir	yo	escribo	escriba	escribía	escribí	escribiré	escribiría	escrito/ escribiendo
	tú	escribes	escribas	escribías	escribiste	escribirás	escribirías	
	él, ella	escribe	escriba	escribía	escribió	escribirá	escribiría	
	nos.	escribimos	escribamos	escribíamos	escribimos	escribiremos	escribiríamos	
	vos.	escribís	escribáis	escribíais	escribisteis	escribiréis	escribiríais	
	ellos/as	escriben	escriban	escribían	escribieron	escribirán	escribirían	
15 estar	yo	estoy	esté	estaba	estuve	estaré	estaría	estado/ estando
	tú	estás	estés	estabas	estuviste	estarás	estarías	
	él, ella	está	esté	estaba	estuvo	estará	estaría	
	nos.	estamos	estemos	estábamos	estuvimos	estaremos	estaríamos	
	vos.	estáis	estéis	estabais	estuvisteis	estaréis	estaríais	
	ellos/as	están	estén	estaban	estuvieron	estarán	estarían	

infinitivo	persona	pres. indicat.	pres. subj.	pret. imperf.	pret. indef.	fut. simple	cond. simple	part./ger.
16	yo	hago	haga	hacía	hice	haré	haría	hecho/
hacer	tú	haces	hagas	hacías	hiciste	harás	harías	haciendo
	él, ella	hace	haga	hacía	hizo	hará	haría	
	nos.	hacemos	hagamos	hacíamos	hicimos	haremos	haríamos	
	vos.	hacéis	hagáis	hacíais	hicisteis	haréis	haríais	
	ellos/as	hacen	hagan	hacían	hicieron	harán	harían	
17		hay	haya	había	hubo	habrá	habría	habido/
(haber)								habiendo
18	yo	voy	vaya	iba	fui	iré	iría	ido/
ir	tú	vas	vayas	ibas	fuiste	irás	irías	yendo
	él, ella	va	vaya	iba	fue	irá	iría	
	nos.	vamos	vayamos	íbamos	fuimos	iremos	iríamos	
	vos.	vais	vayáis	ibais	fuisteis	iréis	iríais	
	ellos/as	van	vayan	iban	fueron	irán	irían	
19	yo	juego	juegue	jugaba	jugué	jugaré	jugaría	jugado/
jugar	tú	juegas	juegues	jugabas	jugaste	jugarás	jugarías	jugando
	él, ella	juega	juegue	jugaba	jugó	jugará	jugaría	
	nos.	jugamos	juguemos	jugábamos	jugamos	jugaremos	jugaríamos	
	vos.	jugáis	juguéis	jugabais	jugasteis	jugaréis	jugaríais	
	ellos/as	juegan	jueguen	jugaban	jugaron	jugarán	jugarían	

infinitivo	persona	pres. indicat.	pres. subj.	pret. imperf.	pret. indef.	fut. simple	cond. simple	part./ger.
20	yo	leo	lea	leía	leí	leeré	leería	leído/
leer	tú	lees	leas	leías	leíste	leerás	leerías	leyendo
	él, ella	lee	lea	leía	leyó	leerá	leería	
	nos.	leemos	leamos	leíamos	leímos	leeremos	leeríamos	
	vos.	leéis	leáis	leíais	leísteis	leeréis	leeríais	
	ellos/as	leen	lean	leían	leyeron	leerán	leerían	
21		llueve	llueva	llovía	llovió	lloverá	llovería	llovido/
llover								lloviendo
22	yo	muevo	mueva	movía	moví	moveré	movería	movido/
mover	tú	mueves	muevas	movías	moviste	moverás	moverías	moviendo
	él, ella	mueve	mueva	movía	movió	moverá	movería	
	nos.	movemos	movamos	movíamos	movimos	moveremos	moveríamos	
	vos.	movéis	mováis	movíais	movisteis	moveréis	moveríais	
	ellos/as	mueven	muevan	movían	movieron	moverán	moverían	
23		nieva	nieve	nevaba	nevó	nevará	nevaría	nevado/
nevar								nevando
24	yo	oigo	oiga	oía	oí	oiré	oiría	oído/
oír	tú	oyes	oigas	oías	oíste	oirás	oirías	oyendo
	él, ella	oye	oiga	oía	oyó	oirá	oiría	
	nos.	oímos	oigamos	oíamos	oímos	oiremos	oiríamos	
	vos.	oís	oigáis	oíais	oísteis	oiréis	oiríais	
	ellos/as	oyen	oigan	oían	oyeron	oirán	oirían	

infinitivo	persona	pres. indicat.	pres. subj.	pret. imperf.	pret. indef.	fut. simple	cond. simple	part./ger.
25 oler	yo	huelo	huela	olía	olí	oleré	olería	olido/ oliendo
	tú	hueles	huelas	olías	oliste	olerás	olerías	
	él, ella	huele	huela	olía	olió	olerá	olería	
	nos.	olemos	olamos	olíamos	olimos	oleremos	oleríamos	
	vos.	oléis	oláis	olíais	olisteis	oleréis	oleríais	
	ellos/as	huelen	huelan	olían	olieron	olerán	olerían	
26 pedir	yo	pido	pida	pedía	pedí	pediré	pediría	pedido/ pidiendo
	tú	pides	pidas	pedías	pediste	pedirás	pedirías	
	él, ella	pide	pida	pedía	pidió	pedirá	pediría	
	nos.	pedimos	pidamos	pedíamos	pedimos	pediremos	pediríamos	
	vos.	pedís	pidáis	pedíais	pedisteis	pediréis	pediríais	
	ellos/as	piden	pidan	pedían	pidieron	pedirán	pedirían	
27 pensar	yo	pienso	piense	pensaba	pensé	pensaré	pensaría	pensado/ pensando
	tú	piensas	pienses	pensabas	pensaste	pensarás	pensarías	
	él, ella	piensa	piense	pensaba	pensó	pensará	pensaría	
	nos.	pensamos	pensemos	pensábamos	pensamos	pensaremos	pensaríamos	
	vos.	pensáis	penséis	pensabais	pensasteis	pensaréis	pensaríais	
	ellos/as	piensan	piensen	pensaban	pensaron	pensarán	pensarían	
28 perder	yo	pierdo	pierda	perdía	perdí	perderé	perdería	perdido/ perdiendo
	tú	pierdes	pierdas	perdías	perdiste	perderás	perderías	
	él, ella	pierde	pierda	perdía	perdió	perderá	perdería	
	nos.	perdemos	perdamos	perdíamos	perdimos	perderemos	perderíamos	
	vos.	perdéis	perdáis	perdíais	perdisteis	perderéis	perderíais	
	ellos/as	pierden	pierdan	perdían	perdieron	perderán	perderían	

infinitivo	persona	pres. indicat.	pres. subj.	pret. imperf.	pret. indef.	fut. simple	cond. simple	part./ger.
29	yo	puedo	pueda	podía	pude	podré	podría	podido/
poder	tú	puedes	puedas	podías	pudiste	podrás	podrías	pudiendo
	él, ella	puede	pueda	podía	pudo	podrá	podría	
	nos.	podemos	podamos	podíamos	pudimos	podremos	podríamos	
	vos.	podéis	podáis	podíais	pudisteis	podréis	podríais	
	ellos/as	pueden	puedan	podían	pudieron	podrán	podrían	
30	yo	pongo	ponga	ponía	puse	pondré	pondría	puesto/
poner	tú	pones	pongas	ponías	pusiste	pondrás	pondrías	poniendo
	él, ella	pone	ponga	ponía	puso	pondrá	pondría	
	nos.	ponemos	pongamos	poníamos	pusimos	pondremos	pondríamos	
	vos.	ponéis	pongáis	poníais	pusisteis	pondréis	pondríais	
	ellos/as	ponen	pongan	ponían	pusieron	pondrán	pondrían	
31	yo	prefiero	prefiera	prefería	preferí	preferiré	preferiría	preferido/
preferir	tú	prefieres	prefieras	preferías	preferiste	preferirás	preferirías	prefiriendo
	él, ella	prefiere	prefiera	prefería	prefirió	preferirá	preferiría	
	nos.	preferimos	prefiramos	preferíamos	preferimos	preferiremos	preferiríamos	
	vos.	preferís	prefiráis	preferíais	preferisteis	preferiréis	preferiríais	
	ellos/as	prefieren	prefieran	preferían	prefirieron	preferirán	preferirían	
32	yo	prohíbo	prohíba	prohibía	prohibí	prohibiré	prohibiría	prohibido/
prohibir	tú	prohíbes	prohíbas	prohibías	prohibiste	prohibirás	prohibirías	prohibiendo
	él, ella	prohíbe	prohíba	prohibía	prohibió	prohibirá	prohibiría	
	nos.	prohibimos	prohibamos	prohibíamos	prohibimos	prohibiremos	prohibiríamos	
	vos.	prohibís	prohibáis	prohibíais	prohibisteis	prohibiréis	prohibiríais	
	ellos/as	prohíben	prohíban	prohibían	prohibieron	prohibirán	prohibirían	

infinitivo	persona	pres. indicat.	pres. subj.	pret. imperf.	pret. indef.	fut. simple	cond. simple	part./ger.
33	yo	quiero	quiera	quería	quise	querré	querría	querido/
querer	tú	quieres	quieras	querías	quisiste	querrás	querrías	queriendo
	él, ella	quiere	quiera	quería	quiso	querrá	querría	
	nos.	queremos	queramos	queríamos	quisimos	querremos	querríamos	
	vos.	queréis	queráis	queríais	quisisteis	querréis	querríais	
	ellos/as	quieren	quieran	querían	quisieron	querrán	querrían	
34	yo	me río	me ría	me reía	me reí	me reiré	me reiría	reído/
reírse	tú	te ríes	te rías	te reías	te reíste	te reirás	te reirías	riendo
	él, ella	se ríe	se ría	se reía	se rió	se reirá	se reiría	
	nos.	nos reímos	nos riamos	nos reíamos	nos reímos	nos reiremos	nos reiríamos	
	vos.	os reís	vos riáis	os reíais	os reísteis	os reiréis	os reiríais	
	ellos/as	se ríen	se rían	se reían	se rieron	se reirán	se reirían	
35	yo	reúno	reúna	reunía	reuní	reuniré	reuniría	reunido/
reunir	tú	reúnes	reúnas	reunías	reuniste	reunirás	reunirías	reuniendo
	él, ella	reúne	reúna	reunía	reunió	reunirá	reuniría	
	nos.	reunimos	reunamos	reuníamos	reunimos	reuniremos	reuniríamos	
	vos.	reunís	reunáis	reuníais	reunisteis	reuniréis	reuniríais	
	ellos/as	reúnen	reúnan	reunían	reunieron	reunirán	reunirían	
36	yo	sé	sepa	sabía	supe	sabré	sabría	sabido/
saber	tú	sabes	sepas	sabías	supiste	sabrás	sabrías	sabiendo
	él, ella	sabe	sepa	sabía	supo	sabrá	sabría	
	nos.	sabemos	sepamos	sabíamos	supimos	sabremos	sabríamos	
	vos.	sabéis	sepáis	sabíais	supisteis	sabréis	sabríais	
	ellos/as	saben	sepan	sabían	supieron	sabrán	sabrían	

infinitivo	persona	pres. indicat.	pres. subj.	pret. imperf.	pret. indef.	fut. simple	cond. simple	part./ger.
37	yo	salgo	salga	salía	salí	saldré	saldría	salido/
salir	tú	sales	salgas	salías	saliste	saldrás	saldrías	saliendo
	él, ella	sale	salga	salía	salió	saldrá	saldría	
	nos.	salimos	salgamos	salíamos	salimos	saldremos	saldríamos	
	vos.	salís	salgáis	salíais	salisteis	saldréis	saldríais	
	ellos/as	salen	salgan	salían	salieron	saldrán	saldrían	
38	yo	sigo	siga	seguía	seguí	seguiré	seguiría	seguido/
seguir	tú	sigues	sigas	seguías	seguiste	seguirás	seguirías	siguiendo
	él, ella	sigue	siga	seguía	siguió	seguirá	seguiría	
	nos.	seguimos	sigamos	seguíamos	seguimos	seguiremos	seguiríamos	
	vos.	seguís	sigáis	seguíais	seguisteis	seguiréis	seguiríais	
	ellos/as	siguen	sigan	seguían	siguieron	seguirán	seguirían	
39	yo	soy	sea	era	fui	seré	sería	sido/
ser	tú	eres	seas	eras	fuiste	serás	serías	siendo
	él, ella	es	sea	era	fue	será	sería	
	nos.	somos	seamos	éramos	fuimos	seremos	seríamos	
	vos.	sois	seáis	eráis	fuisteis	seréis	seríais	
	ellos/as	son	sean	eran	fueron	serán	serían	
40	yo	tengo	tenga	tenía	tuve	tendré	tendría	tenido/
tener	tú	tienes	tengas	tenías	tuviste	tendrás	tendrías	teniendo
	él, ella	tiene	tenga	tenía	tuvo	tendrá	tendría	
	nos.	tenemos	tengamos	teníamos	tuvimos	tendremos	tendríamos	
	vos.	tenéis	tengáis	teníais	tuvisteis	tendréis	tendríais	
	ellos/as	tienen	tengan	tenían	tuvieron	tendrán	tendrían	

infinitivo	persona	pres. indicat.	pres. subj.	pret. imperf.	pret. indef.	fut. simple	cond. simple	part./ger.
41	yo	traduzco	traduzca	traducía	traduje	traduciré	traduciría	traducido/
traducir	tú	traduces	traduzcas	traducías	tradujiste	traducirás	traducirías	traduciendo
	él, ella	traduce	traduzca	traducía	tradujo	traducirá	traduciría	
	nos.	traducimos	traduzcamos	traducíamos	tradujimos	traduciremos	traduciríamos	
	vos.	traducís	traduzcáis	traducíais	tradujisteis	traduciréis	traduciríais	
	ellos/as	traducen	traduzcan	traducían	tradujeron	traducirán	traducirían	
42	yo	traigo	traiga	traía	traje	traeré	traería	traído/
traer	tú	traes	traigas	traías	trajiste	traerás	traerías	trayendo
	él, ella	trae	traiga	traía	trajo	traerá	traería	
	nos.	traemos	traigamos	traíamos	trajimos	traeremos	traeríamos	
	vos.	traéis	traigáis	traíais	trajisteis	traeréis	traeríais	
	ellos/as	traen	traigan	traían	trajeron	traerán	traerían	
43	yo	valgo	valga	valía	valí	valdré	valdría	valido/
valer	tú	vales	valgas	valías	valiste	valdrás	valdrías	valiendo
	él, ella	vale	valga	valía	valió	valdrá	valdría	
	nos.	valemos	valgamos	valíamos	valimos	valdremos	valdríamos	
	vos.	valéis	valgáis	valíais	valisteis	valdréis	valdríais	
	ellos/as	valen	valgan	valían	valieron	valdrán	valdrían	
44	yo	vengo	venga	venía	vine	vendré	vendría	venido/
venir	tú	vienes	vengas	venías	viniste	vendrás	vendrías	viniendo
	él, ella	viene	venga	venía	vino	vendrá	vendría	
	nos.	venimos	vengamos	veníamos	vinimos	vendremos	vendríamos	
	vos.	venís	vengáis	veníais	vinisteis	vendréis	vendríais	
	ellos/as	vienen	vengan	venían	vinieron	vendrán	vendrían	

infinitivo	persona	pres. indicat.	pres. subj.	pret. imperf.	pret. indef.	fut. simple	cond. simple	part./ger.
45	yo	veo	vea	veía	vi	veré	vería	visto/
ver	tú	ves	veas	veías	viste	verás	verías	viendo
	él, ella	ve	vea	veía	vio	verá	vería	
	nos.	vemos	veamos	veíamos	vimos	veremos	veríamos	
	vos.	veis	veáis	veíais	visteis	veréis	veríais	
	ellos/as	ven	vean	veían	vieron	verán	verían	
46	yo	vuelvo	vuelva	volvía	volví	volveré	volvería	vuelto/
volver	tú	vuelves	vuelvas	volvías	volviste	volverás	volverías	volviendo
	él, ella	vuelve	vuelva	volvía	volvió	volverá	volvería	
	nos.	volvemos	volvamos	volvíamos	volvimos	volveremos	volveríamos	
	vos.	volvéis	volváis	volvíais	volvisteis	volveréis	volveríais	
	ellos/as	vuelven	vuelvan	volvían	volvieron	volverán	volverían	

Orthografische Besonderheiten

- Das **c** der Endung ***-car*** wird vor ***e*** und ***i*** zu ***qu*** (tocar → yo to**qu**é).
  weitere Verben: acercarse, explicar, marcar, practicar, sacar, significar etc.
- Nach dem ***g*** der Endung ***-gar*** wird vor ***e*** und ***i*** ein ***u*** eingefügt (navegar → yo naveg**u**é).
  weitere Verben: ligarse, llegar, pagar etc.
- Das ***g*** der Endungen ***-ger*** und ***-gir*** wird vor ***o***, ***a*** und ***u*** zu ***j*** (coger → yo co**j**o).
  weitere Verben: dirigirse, proteger etc.
- Das **z** der Endung ***-zar*** wird vor ***e*** und ***i*** zu ***c*** (empezar → yo empe**c**é).
  weitere Verben: cruzar, organizar, utilizar etc.

Ihre Meinung ist uns wichtig!

Ihre Anregungen sind uns immer willkommen. Bitte informieren Sie uns mit diesem Schein über Ihre Verbesserungsvorschläge!

Titel-Nr.	Seite	Vorschlag

Bitte hier abtrennen

Lernen • Wissen • Zukunft
STARK

Bitte hier abtrennen

20-V1M

Bitte ausfüllen und im frankierten Umschlag an uns einsenden. Für Fensterkuverts geeignet.

Zutreffendes bitte ankreuzen! Die Absenderin/der Absender ist:

- ☐ Lehrer/in in den Klassenstufen: ______
- ☐ Fachbetreuer/in Fächer: ______
- ☐ Seminarlehrer/in Fächer: ______
- ☐ Regierungsfachberater/in Fächer: ______
- ☐ Oberstufenbetreuer/in
- ☐ Schulleiter/in
- ☐ Referendar/in, Termin 2. Staatsexamen: ______
- ☐ Leiter/in Lehrerbibliothek
- ☐ Leiter/in Schülerbibliothek
- ☐ Sekretariat
- ☐ Eltern
- ☐ Schüler/in, Klasse: ______
- ☐ Sonstiges: ______

STARK Verlag
Postfach 1852
85318 Freising

Kennen Sie Ihre Kundennummer? Bitte hier eintragen.

Absender (Bitte in Druckbuchstaben!)

Name/Vorname

Straße/Nr.

PLZ/Ort/Ortsteil

Telefon privat

Geburtsjahr

E-Mail

Schule/Schulstempel (Bitte immer angeben!)

Unterrichtsfächer: (Bei Lehrkräften!)

(Bitte blättern Sie um)